Jean-Paul Mazillier
Anthony Berrot
Gilles Durieux

Tradução
Marcelo Haruki Mori

Piaf
de Môme a Édith
documentos inéditos

martins fontes
selo martins

© 2014 Martins Editora Livraria Ltda., São Paulo, para a presente edição.
© Le Cherche Midi Éditeur, 2010.
Esta obra foi originalmente publicada em francês sob o título
Piaf, de la Môme à Édith – documents et inédits.

Publisher   *Evandro Mendonça Martins Fontes*
Coordenação editorial   *Vanessa Faleck*
Produção editorial   *Susana Leal*
Preparação   *Mariana Echalar*
Revisão   *Pamela Guimarães*
Ellen Barros
Juliana Amato

Dados Internacionais de Catalogação na Publicação (CIP)
(Câmara Brasileira do Livro, SP, Brasil)

Mazillier, Jean-Paul
 Piaf de Môme a Édith : documentos inéditos / Jean-Paul Mazillier, Anthony Berrot, Gilles Durieux ; tradução Marcelo Haruki Mori. – São Paulo : Martins Fontes – selo Martins, 2014.

 Título original: Piaf de la Môme à Édith.
 ISBN 978-85-8063-145-6

 1. Cantoras – França - Biografia 2. Piaf, Édith, 1915-1963 I. Mazillier, Jean-Paul. II. Berrot, Anthony. III. Durieux, Gilles. IV. Título.

14-04088   CDD-782.0092

Índices para catálogo sistemático:
1. Cantoras : França : Biografia   782.0092

Todos os direitos desta edição reservados à
Martins Editora Livraria Ltda.
Av. Dr. Arnaldo, 2076
01255-000 São Paulo SP Brasil
Tel.: (11) 3116 0000
info@martinseditora.com.br
www.martinsmartinsfontes.com.br

Sumário

16   **1920-1936 – os primeiros passos de uma Môme diferente das outras**
22   *Marguerite Monnot*
26   as musas

44   **1937-1949 – a ascensão de uma estrela**
60   Sinclair

88   **1950-1963 – da idade de ouro à exaustão**
98   os homens de sua vida
112   *Marlene Dietrich*
114   a decolagem
126   *Les Compagnons de la Chanson*
142   o palco
168   os Bonel
182   os escritos
206   os escritos traduções
216   os retratos

> "Sua vida foi tão triste que é quase bela demais para ser verdade."
> Sacha Guitry

Página da direita: Jean-Paul Mazillier com Danielle e Marc Bonel, em 1990.

eu ouvi a voz de Édith Piaf pela primeira vez em 1959. Muitas coisas aconteceram naquele ano, com o nascimento da Nouvelle Vague, o lançamento de *Onde começa o inferno*[1], de *Zazie no metrô*[2], de Queneau, de *Lolita*[3], a estreia de *Cinq colonnes à la une*[4], e, sobretudo, a consagração de Gérard Philipe nos papéis do Cid e de Perdican. Sem dúvida, eu não deixei escapar nada, mas nada chamou tanto minha atenção naquele ano como a voz de Édith Piaf. Eu estava em casa. O disco se chamava *Milord*. Nesse disco, uma canção em especial, "Je sais comment", me marcou. Ela evocava uma prisão, um detento. A imagem do preso e das grades não saía da minha cabeça. Eu também me lembrava com clareza do poema de Oscar Wilde, *A balada do cárcere de Reading*[5], no qual um prisioneiro contempla o céu através das grades de sua cela:

Não, nunca vi um homem observar, cheio de desejo nos olhos, aquele pedacinho, lá em cima, espalhado de azul, que a gente chama, na prisão, de céu e cada nuvem, soprada – vinda sabe-se lá de onde – para esse lugar com suas velas argênteas pálidas.

Eu via, com certeza, esse prisioneiro como se fosse meu irmão. E, principalmente, sem dúvida alguma, eu ouvia a voz de Piaf que saía das entranhas dela e me apertava o coração. Eu tinha sido conquistado para sempre.

Como estávamos em pleno período iê-iê-iê, Piaf desapareceu do meu pensamento durante algum tempo. Um curto período de tempo. No dia 21 de novembro de 1965, eu estava assistindo na televisão *Le jeu de la chance*[6], apresentado por Raymond Marcillac e Georges Lanzac.

---
1. *Rio Bravo*, de Howard Hawks. (N.T.)
2. *Zazie dans le métro*, Raymond Queneau.
3. *Lolita*, de Stanley Kubrick. (N.T.)
4. "Cinco colunas na primeira página" (tradução livre) – programa televisivo que criou o formato de grandes reportagens na televisão francesa que falava, principalmente, das manchetes da imprensa escrita cuja primeira página (*la une*), a dos artigos mais importantes, tinha cinco colunas. (N.T)
5. Oscar Wilde, *The Ballad of Reading Gaol*, tradução livre. (N.T.)
6. "O Jogo da Sorte" (tradução livre) – programa televisivo de competição de novos cantores. (N.T.)

> à toi Jean-Paul, l'ami très cher -
> sua grande tendresse et mon amitié de longue date -
> En souvenir de Marc et d'Édith ces jours heureux
> de notre temps de vie ensemble -
> Je t'embrasse de tout mon coeur -
> Danielle

* Para você, Jean-Paul, amigo muito querido, com muito carinho e minha amizade de longa data. Como lembrança de Marc e de Édith, dessas felizes loucuras de nosso tempo de convivência. Um beijo do fundo do meu coração.

Danielle

No palco, duas jovens cantoras se apresentam e, segundo eles, eram as novas Édith Piaf da canção. Tratava-se de Mireille Mathieu e Georgette Lemaire. Foi naquela hora, de repente, como um *flash*, que o som da voz de Édith Piaf de 1959 veio-me à memória com uma força descomunal. Ouvi com interesse Mireille e Georgette, mas, naquele exato momento, quis saber mais sobre Madame Piaf. Matar aula, para esse tipo de desafio, é o ideal. Naquele dia, em um brechó da avenida Canebière[7], comprei por um franco um disco um pouco gasto mas isso não era problema – que se chamava *Milord*. Ainda guardo esse disco de vinil 45 rpm como um fetiche, um talismã. Ele nunca me abandonará. E, naquele dia, devo confessar que fui imediata e completamente subjugado, destroçado, emocionado por aquela voz, por aquele coração, por aquele corpo que sobreviveu a todos os acasos da vida. Que mulher!

Eu não gostava muito da escola (em particular do Cours de France, bem no alto da Canebière), preferindo, de longe, matar aulas. Mas não era com a intenção de passear pelas *calanques*[8], pelo cabo Canaille, pelas falésias, pelos olivais, me deixando levar, pelo mistral. Não, em vez dos passeios pelo maqui, eu preferia, antes de tudo, ver filmes, ir aos velhos cinemas de bairro com chocolate gelado e sala de fumantes. É muito importante ter uma sala de fumantes, porque devo confessar que aprecio cigarros desde os oito anos! Alguns chamavam de estoura-peito. Numa sexta-feira 13... de 1966 (é assim que todas as histórias começam, não é?), eu estava exatamente na sala de fumantes do Cinéac, uma pequena sala escura da Canebière, situada em frente ao hotel de Noailles, onde se hospedavam todas as estrelas de passagem por Marselha e, em particular, Édith Piaf.

Eu estava lá, querendo acender um cigarro, procurando nos bolsos uma caixa de fósforos. Fui tão desastrado que um artigo de jornal caiu da minha carteira. Uma senhora de meia-idade, lanterninha e, ao mesmo tempo, responsável pelo vestiário teve a gentileza de pegar o artigo – essa senhora se chamava Cricri (na realidade, Christine Teres), ex-rainha das corridas de ciclismo *Six-jours* (seis dias) de Marselha, dançarina dos espetáculos de Mistinguett e, sobretudo, amiga íntima de Danielle e Marc Bonel. Era uma foto de Piaf, recortada de uma revista barata da época. Com a voz trêmula, como se estivesse emocionada, ela chama uma colega, responsável pela cabine de fotos automática: "Jeanine, Jeanine, venha ver...".

E Jeanine chega, pega o artigo de jornal e diz, radiante: "É a Édith! Ah, Édith! Você sabia, meu caro jovem, que o meu marido, Charles Sinclair, foi o primeiro verdadeiro fotógrafo da grande Piaf?".

Jeanine me diz que o Charles Sinclair em questão foi um aluno brilhante de um certo Harcourt! Roland Barthes até escreveu: "Na França, ninguém é ator se não for fotografado pelos Estúdios Harcourt. O ator de Harcourt é um deus. Ele nunca faz nada; a foto é tirada com ele descontraído". Acaso? Destino? O que quer que seja, naquele mesmo dia, saí "feliz" com os endereços de Charles Sinclair, Danielle e Marc Bonel no bolso. Naquele tempo, o casal morava em Levallois-Perret, no número 44 da rua Rivay. Depois da morte de Édith, apesar dos pedidos feitos por muitas pessoas do meio, eles abandonaram o mundo da música. Danielle se tornou telefonista da Sony França e Marc, arquivista da mesma empresa.

O estúdio de Charles Sinclair ficava em Marselha, no número 33 da rua Aix, pertinho da alameda Belsunce, onde ficava o Alcazar, templo do *music hall* de Marselha, onde inúmeras vedetes se consagraram. Alguns dias depois, enchi-me de coragem e fui até lá. Fui recebido com muita gentileza pelo fotógrafo. Ele ficou bem espantado, não pelo fato de eu ter ido até seu estúdio, mas pelo interesse que um pirralho da minha idade (treze ou quatorze anos) podia ter, com um fervor infinito, por uma cantora como Édith Piaf.

Devo lembrar que estávamos em plena época iê-iê-iê, cujos ídolos estavam mais para minha idade. Muito gentilmente, Sinclair me deu de presente um retrato da

---
7. Avenida mais famosa de Marselha que liga o *Vieux-Port* (porto antigo), na parte baixa, à igreja **des Réformés**, na parte alta. (N.T.)
8. Altas falésias situadas entre Marselha e Cassis. (N.T.)

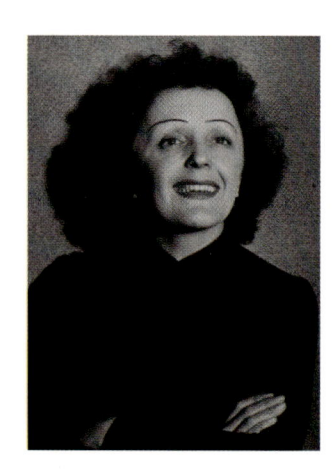

* Meus agradecimentos muito sinceros a J. P. Mazillier por seus esforços para manter em nossos corações a lembrança de uma Édith que nós nunca esqueceremos.

L. Barrier

minha cantora predileta. Uma bela tiragem em papel glacê. No caminho de volta, eu me sentia orgulhoso como um pavão ao colocar a famosa foto sobre meu coração. Naquele dia, Sinclair também me ofereceu sua amizade, que durou, aproximadamente, trinta anos, imperturbável e sem a menor turbulência. Charles nos deixou aos oitenta anos. Durante todo esse tempo, meu amigo Sinclair me deu apenas três fotos de Édith. Três, nem uma mais.

Às vezes, acontecia de eu ir a Paris, mais precisamente a Saint-Ouen e ao mercado de pulgas. Numa manhã de sorte, pude comprar um pacote bem amarrado com umas cinquenta fotos de Édith em diferentes fases de sua carreira, em diversas épocas de sua vida.

De volta a Marselha, eu corri, é claro, para o estúdio de Charles Sinclair. Esperava que ele aumentasse meu tesouro com mais alguns documentos. Charles contemplou minhas fotos e cheguei até a acreditar que ele sorria de contentamento. Nada disso. De uma só vez, uma só, com a força de um lutador rasgando furiosamente uma lista telefônica, Charles rasgou minhas fotos em mil pedacinhos e jogou tudo no lixo. Se era para ter ficado boquiaberto, eu fiquei.

"Querido Jean-Paul, me desculpe", ele me disse olhando nos meus olhos, "mas tudo o que acabei de ver não corresponde, de maneira nenhuma, à Piaf que conheci e que deve, antes de tudo, ser conhecida."

Naquele dia, quando saí do estúdio fotográfico de Sinclair, eu me senti ludibriado, como se tivesse de começar tudo de novo.

Como sou obstinado, em 1988 montei uma exposição sobre Édith Piaf apenas com minha coleção de fotos e cartazes. Devo confessar que não tinha muitos documentos. Mas a exposição aconteceu e até agradou. Foi naquele momento que a segunda mulher de Charles Sinclair veio me anunciar a triste notícia do falecimento de seu marido. Eu mal tive tempo de balbuciar as condolências apropriadas àquela circunstância quando ela me arrastou até o carro que estava num estacionamento ao lado. E aí, sem muita explicação, ela abriu o porta-malas do carro. Ele está abarrotado de caixas cheias de fotos, clichês, filmes, chapas fotográficas, negativos, assim como filmes rodados em 1941 no famoso *music hall* parisiense ABC... Michèle me disse: "Veja bem, tudo isso é do senhor.

Só do senhor. Era o desejo do Charles e ele sempre me lembrava disso nos seus últimos anos de vida...".

Eu nasci em 1952. Édith nos deixou em 1963. Eu era um pirralho. Se eu tivesse nascido cinco anos antes, acho que, talvez, eu tivesse me encontrado com ela, nós teríamos nos conhecido. Na verdade, conheci Martine e René Cerdan, a cantora de certo talento e o sobrinho do "bombardeiro Marroquino", que também tinha subido nos ringues. Martine e René me apresentaram a algumas personalidades do espetáculo, como Johnny Stark, mentor de Mireille Mathieu. Cheguei até a frequentar o *show-biz* durante algum tempo. Paralelamente, trabalhava como representante da agência dirigida por F. Robert Trébor, ex-diretor do Alcazar. O casal Trébor tinha o monopólio da programação principal de Cassis, Carry-le--Rouet e Aix-en-Provence.

Foi assim que conheci Barbara, Mireille Mathieu, Nicoletta e Georgette Lemaire. Eu até ouvi todas essas senhoras com prazer, mas nenhuma me fez esquecer a aura, a grandeza, o magnetismo, o talento fora do comum de Édith Piaf. É claro que via certo talento nelas, mas Édith se encontrava, na verdade, em uma esfera superior. Ela nasceu, viveu e morreu como um pardal de Paris, da Paris popular. Nada nela me deixava indiferente. Quando ouço sua voz, não choro lágrimas exteriormente, mas, no íntimo, elas escorrem pelo meu coração. Sua vida começa nas ruas sórdidas do bairro popular parisiense de Belleville, como em um romance de Eugène Sue ou de Dickens. Eu gosto do poeta Patrick Delbourg quando ele fala da Môme[9]: "Seu pequeno vestido preto é a chave secreta de todos os sonhos. Cada vez que ela canta, é como se ela arrancasse a própria alma pela última vez". É verdade, é exatamente isso. Ela arrancava a própria alma. É claro que havia também o vestido de órfã e a voz que vinha de outro mundo.

Minhas coleções? Eu as comecei por volta de 1966. Por mais curioso que isso possa parecer, em uma época em que a Piaf não estava muito na moda. Ela tinha falecido havia três anos. Mireille Mathieu e Georgette Lemaire estavam no auge. Em 1967, bendito ano, Édith voltou com toda a força. Ela mostrou do que era capaz! Era preciso ouvi-la. Eu estava no sétimo céu. Eu nunca tinha duvidado disso.

Em 1966, tive a sorte de conhecer Danielle e Marc Bonel. E, durante noites inteiras, eles me falaram dela, da verdadeira Piaf, não a dos livros, mais ou menos inventada, mas a autêntica, aquela com quem eles conviveram quase vinte anos. Vinte anos de afeição, de verdades nem sempre boas de serem ouvidas, de concertos em concertos, de paixões fulgurantes até as doenças, das generosidades até as brigas. Marc e Danielle foram francos, sem a menor bajulação. Desde então, as cerca de cinquenta obras publicadas sobre Piaf perderam a legitimidade, salvo raras exceções, como a obra dos Bonel, evidentemente, e a de Georges Martin. Esse Martin – "Pobre Martin, pobre miséria", como tenho vontade de cantarolar – dedicou mais de trinta anos de sua vida de bancário a sua cantora predileta. Ele também era um colecionador fanático, que teria atravessado uma floresta para buscar uma echarpe, um lenço da Môme. Infelizmente, esse grande homem, esse fã de todos os momentos não sabia se defender. Ele foi espoliado, roubado, traído. E morreu por causa disso. Suas pesquisas, seus trabalhos, evidentemente, encheram os bolsos de uma boa quantidade de abutres. É verdade, como cantava Brassens:

"Pobre Martin, pobre miséria.../ escava a terra, escava o tempo."[10]

É com muita emoção, com certeza, que reúno em livro essa infinidade de tesouros, a maior parte inédita. Graças aos Bonel, eu gostaria que chegássemos, por todos os admiradores de Madame Piaf, o mais próximo possível da verdade. Queremos evocá-la tal como ela foi realmente, perturbadora, do paraíso ao inferno, queimando a vida em todos os acordes, em todas as palavras e em todos os sofrimentos do amor. Em meio aos documentos, trechos de canções, anotações, cartas, cartazes e retratos admiráveis (e frequentemente inéditos) de seu amigo Charles Sinclair, queremos que ela apareça diante do leitor da maneira mais verdadeira possível, com seus amigos, com os homens de sua vida, com a magia fascinante de sua voz. Édith, com seu profundo senso de amizade, com sua fé feroz, com o "rouco canto de suas solidões".

Jean-Paul Mazillier

....
9. Menina, garota. (N.T.)

....
10. "Pauvre Martin, pauvre misère.../ creuse la terre, creuse le temps." (N.T.)

na casa dos meus pais, em Reims, se escutava muita música, mas não necessariamente música francesa. Acontece que eu ia com frequência à casa dos meus avós. Eu ficava radiante de ir lá. Meu avô tocava banjo e acordeão nos bailes populares, os *bals musettes*. Infelizmente, eu o conheci apenas deitado em uma cama... Gostaria tanto de tê-lo visto manejar, com brio, o "piano do pobre".

Por outro lado, quando eu o visitava, ou seja, de três a quatro vezes por semana, ele me fazia escutar em seu velho toca-discos a fascinante Fréhel. Ela era sua grande, sua imensa paixão. Ele sabia tudo sobre ela: sua origem bretã, seus primeiros passos, aos cinco anos, na *goualante*[1]... Fréhel cantava nas ruas, acompanhada de um músico cego. Meu avô sustentava que a voz dela vinha do além, era estranha, cheia de mistério.

> Onde está meu moinho da praça Blanche?
> Meu vendedor de tabaco e meu boteco de esquina?
> Quando eu andava por lá era sempre domingo.
> Onde estão eles, meus amigos, meus colegas?[2]

Então, durante anos, o velho toca-discos me embriagou com essa rosa negra da canção realista, com seus "Sous la blafarde", "Comme un moineau", "Sans lendemain", "Je n'attends plus rien" ou "La java bleue".

Também lembro que meu avô sempre chamava minha avó de Prunette, com muito carinho. Por isso, durante anos, soube de cor as canções de Marguerite Boulc'h, conhecida como Pervenche e depois como Fréhel.

> Eu gostaria de adormecer um dia,
> Partir sem sofrer, ao som do acordeão...
> Uma última embriaguez, boa noite, boa noite, o prazer...
> Não tenho mais medo da morte como tive da vida...[3]

Então, um dia, minha avó acabou perdendo a paciência e disse: "Não aguento mais a Fréhel... Francamente,

Página da direita: Anthony Berrot com Danielle e Marc Bonel, em 1990.

---
1. Canção popular triste. (N.T.)
2. "Où est-il mon moulin d'la place Blanche?/ Mon tabac et mon bistrot du coin?/ Tous les jours là-bas c'était dimanche./ Où sont-ils, les amis, les copains?", de A. Decaye e Lucien Carol e de Vincent Scotto, 1926. (N.T.)
3. "Je voudrais m'endormir un jour,/ Partir sans souffrir, au son de l'accordéon.../ Une dernière griserie, bonsoir, bonsoir, le plaisir.../ J'ai pas plus peur de la mort que j'ai eu peur de la vie!..." (N.T.)

* Para Anthony, como lembrança de Édith, para que sua admiração pelo enorme talento dela aumente ao longo dos anos. Um abraço afetuoso com toda a amizade e abraços afetuosos de

Marc Bonel

vocês não vão me obrigar a ouvir essa velhota todo dia! Vocês estão estourando meus tímpanos. Não dá para aguentar. Saibam, pelo menos, que existe uma cantora muito melhor que esse seu cipó ruivo".

Nós, meu avô e eu, ficamos abismados. Para nós, ninguém podia se igualar a Fréhel.

"É só ouvir que vocês vão ver", disse minha avó, não sem certa ironia. Na mesma hora, ela foi pedir emprestado um disco de Piaf na casa da vizinha e nos fez ouvir a Môme. Nós a conhecemos por uma belíssima canção que se chama "C'est un gars qui est entré dans ma vie".

Assim como Jean-Paul, eu também matava aula para caçar discos de Piaf. Não pensava duas vezes antes de sair de Reims e ir a Paris. Havia um ônibus especial que ligava a capital da Champagne às margens do Sena... Meu destino era sempre o mesmo: Saint-Ouen e seu mercado de pulgas. Foi assim que conheci outros colecionadores de Piaf. Nós trocávamos nossos discos de 78, 45, 33 rotações...

A cada viagem, eu ia ao cemitério do Père-Lachaise para visitar o túmulo de Édith. Eu devia ter uns dezesseis ou dezessete anos. A cada visita, eu encontrava sempre o mesmo homem, que passava a maior parte de seu tempo limpando, arrumando a sepultura de Madame Piaf. Ele se chamava René Martigny. Nós acabamos nos conhecendo, é claro, e foi assim que ele me disse que um amigo dele, grande colecionador de arquivos sobre Piaf que morava em Marselha, se encontrava em Paris, em um estúdio onde Patricia Carli estava gravando. Devo confessar que não tive coragem de ir até o endereço que ele me deu. Peguei o caminho de volta para Reims.

Algumas semanas mais tarde, eu estava de novo em Saint-Ouen. Uma foto de Piaf e Sarapo me interessou. Eu a comprei. Atrás dela havia um carimbo, o de Jean-Paul Mazillier, de Marselha... Ainda não foi daquela vez, apesar do número de Jean-Paul bem evidente na foto, que tive coragem de ligar para ele.

Num verão, eu devia ter quase dezoito anos...

(A gente não é sério quando tem dezessete anos./ Uma bela noite, nada de canecos de cerveja e de limonada,/ De bares barulhentos com seus lustres brilhantes!/ A gente anda debaixo das tílias verdes do passeio.")[4]

....
4. "On n'est pas sérieux, quand on a dix-sept ans/ Un beau soir, foin des bocks et de la limonade,/ Des cafés tapageurs aux lustres éclatants !/ On va sous les tilleuls verts de la promenade…", Arthur Rimbaud. (N.T.)

... e estava – recitando Rimbaud – de férias com meus pais no Midi [região no sul da França].

Um cartaz despertou minha atenção. Dizia que no subúrbio de Marselha estava acontecendo uma exposição dedicada a Édith Piaf... Fiz de tudo para ir até lá. Meus pais já estavam mais do que fartos de ouvir a Môme Piaf. É verdade que minha paixão era séria, pois eu escutava minha cantora predileta o dia inteiro, sem parar. Minhas irmãs pediam misericórdia. Na escola, eu era considerado um caso à parte, bem estranho, um extraterrestre, de certa maneira, cuja palavra mais corrente do vocabulário não era outra senão "Piaf". Piaf isso, Piaf aquilo...

Então, fui à exposição e... conheci Jean-Paul Mazillier, que ficou, eu acho, muito admirado – espero que ele não vá me contradizer – por aquele pirralho de dezoito anos que já possuía uma documentação excepcional sobre a autora de "L'hymne à l'amour". Devo dizer que eu enriquecia essa documentação por correio e telefone, graças a correspondentes em toda a Europa... Depois da exposição, Jean-Paul me perguntou se eu estava interessado em organizar e classificar todos os documentos, fotos, cartazes etc.

Eu deveria ter ficado sete dias na Canebière. Muito obrigado, cara e querida Édith: já faz vinte anos que estou no Vieux-Port. Criei raízes a dois passos do Estádio do Velódromo. No meu aniversário de dezoito anos, Jean-Paul me deu um presente maravilhoso ao me apresentar Danielle e Marc Bonel, sem os quais a vida de Piaf não seria o que foi.

Que belo sonho, não? Graças a uma pequena cigarra que cantava melhor do que ninguém as ruas de Paris.

Anthony Berrot

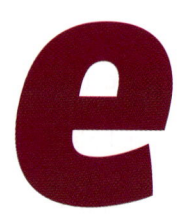

eu tinha nove anos e era criado a base de Édith Piaf em nosso botequim caipira, a algumas milhas da Brest de Mac Orlan e Prévert. Eu tomava conta do toca-discos. Trocava as agulhas. Organizava os 78 rotações. Poulidor e Anquetil[1] ainda não existiam... Era Polydor e Édith. Minha mãe, Élisa, minhas tias Berthe e Joséphine também, como se diz, "curtiam" Édith. Suas canções criavam um ambiente de botequim onde se emborca a rodo o *gwin ruz* [vinho tinto]. Ali também se cheirava rapé e se mascava tabaco. A gente escutava a Môme o dia inteiro, fazendo algumas pausas aqui e ali, preenchidas pelos tchi-tchi de Tino Rossi ou pelos pedreiros que cantavam uma canção de Maurice Chevalier. Os boches[2] estavam, naquela época, no vilarejo. Quando algum deles atravessava a porta do botequim, a Piaf entoava, como que por acaso, "Le fanion de la Légion" ou outras canções patrióticas. Os cachaceiros, titubeantes, punham-se como podiam em posição de sentido, na frente dos inimigos. A Radio France mentia, então a gente sintonizava a Radio Londres. Os tempos mudam, e as mudanças iam começar. As pessoas se recusavam a cantar "Maréchal, nous voilà"[3]. Havia um cheiro de *jazz* no ar, podia-se ver Nova Orleans em cima dos toca-discos.

Em 1947, fui vou com minha mãe à capital. Nossos primos parisienses nos convidaram para assistir aos Compagnons, que cantavam com Édith. Do *music hall* ABC e do Empire, quase não me lembro mais. Contudo, tenho uma lembrança, do *Trois Cloches*, de um certo Gilles l'Helvète.

> Quase, quase uma chama
> Ainda imperceptível que reclama
> Proteção, ternura, amor.[4]

Evidentemente, Édith gostava de seus "escoteiros". Nós também. Como se deve, a gente gosta de tudo o que ela gostava.

No dia 24 de setembro de 1948, meu pai não pensou duas vezes antes de me acordar, às três horas da manhã, para escutar a transmissão (com os comentários de Pierre Crénesse) da luta de Marcel Cerdan contra Tony Zale, que contava para o campeonato mundial de boxe de pesos

----
1. Ídolos franceses do ciclismo nos anos 1950 e 1960. (N.T.)
2. Termo pejorativo para referir-se aos alemães durante a Primeira Guerra Mundial (N.E.)
3. Em tradução livre: "Marechal, nós estamos aqui". Hino de propaganda do regime de Vichy durante a ocupação alemã. (N.T.)
4. "À peine, à peine une flamme/ Encore faible qui réclame/ Protection, tendresse, amour". Tradução livre. (N.T.)

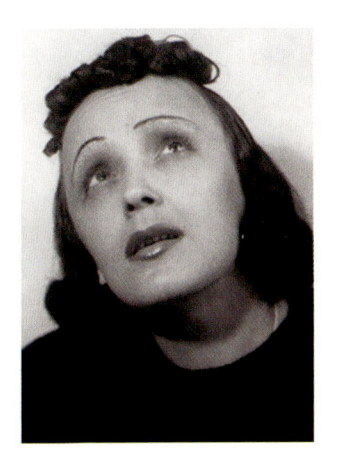

médios. O "Bombardeiro Marroquino", com brio, triunfa. Sabíamos que Édith estava nas primeiras fileiras do ringue, em Jersey City, e que ela vibrava de felicidade. A França inteira se vangloria. Éramos campeões mundiais e Édith havia encontrado seu homem. Fomos a Paris. Frequentamos as salas de espetáculos Bobino e Olympia. Não desgrudamos os olhos de Édith. Choramos Marcel Cerdan. No *Aux îles Marquises*, famoso restaurante da rua Gaîté, Albert Chamoux, o dono, me apresenta a Édith mais de uma vez. Sempre que ela aparecia para almoçar ou jantar, ele me avisava. Eu ainda não tinha coragem de falar com ela. Ela, em compensação, conhecendo minha origem bretã, me fala de Brest, onde ela cantou em um cinema e onde um bando de marinheiros bem bêbados quebrou as poltronas por amor a Môme.

Os anos se passaram. Auguste Le Breton me convidou para participar de uma biografia intitulada *La Môme Piaf* (Hachette Littérature, 1980). Monsieur Rififi[5] na realidade faz com que Ginou Richer e muitos outros se abram. Lembranças, lembranças.

Nos anos 1970, a pedido meu, Jean Yanne e Jean-Pierre Rassam me levaram ao Chez Madame Billy, na rua François-Valéry, em Paris. Meus dois camaradas certamente tinham outras ideias em mente. Já eu, eu só tinha um desejo, só queria uma coisa: visitar o terceiro andar da famosa *casa de meninas* onde Édith morou durante a guerra, bordel onde ela não temeria nem o mau tempo nem a fome, e onde poderia convidar Michel Simon, Mary Marquet, Madeleine Robinson, Jean Cocteau...

Foi nessa época também que Claude Lelouch, a generosidade em pessoa, me contratou para colaborar em seu *Édith et Marcel*. Antes de começar a rodar o filme, eu tive a grande felicidade de visitar a Pélagie, propriedade de Marc e Danielle Bonel, localizada a uns sessenta quilômetros de Toulouse. Lá, em minha busca a Édith Piaf, tive o maior choque da minha vida.

Marc e Danielle têm apenas uma palavra na boca: Édith. Os Bonel conviveram com ela quase vinte anos. Édith não cantava sem Marc e seu acordeão. Uma cumplicidade inabalável, sem falhas. E, gentilmente, Marc pegou um de seus Cavagnolo Domenico (o Stradivarius dos pianos de alça) para tocar uma "Vie en rose" que arrancaria lágrimas de qualquer um. Os Bonel guardaram tudo com amor: até as caixas de fósforos do Versailles[6], os pequenos vestidos pretos, os montes de cadernos de escola repletos de letras de canções compostas por "Didou". O pombal é uma casa adorável que os Bonel, conhecendo o lado cigarra da amiga, mandaram construir para ela. Édith, infelizmente, já não aguentando mais, tomou a direção do Père-Lachaise, em vez do belo pombal.

Cineasta refinado, Marc me mostrou horas de filmes em super-8, relatando as turnês pelo mundo, os concertos, as raras férias. O casal Marcel e Édith tem um porte maravilhoso nas ruas de Nova York. A felicidade está estampada como um sol no rosto deles.

Quando Danielle (ex-Shirley Temple do cinema francês) fala da grande, da imensa Édith, tenho a impressão de escutar a própria Édith falar. Elas são irmãs de certa maneira. As mesmas palavras saem do coração. Além do mais, Danielle é a própria encarnação da delicadeza.

Dormi no pombal. No criado-mudo, uma maravilhosa foto de Ginger Rogers, dedicada aos amigos Bonel... Mais de uma vez, eu revi em sonho a silhueta única de Piaf. Tarde da noite, o som do Cavagnolo, como sopros de órgão, ecoou.

Eu gostava de andar de bicicleta aos sábados ou domingos com alguns amigos atores no bosque de Marly no subúrbio de Paris. Uma manhã, Théo Sarapo se juntou ao modesto pelotão de fãs do ciclismo. Muitas vezes, eu e Robert Benoit íamos buscar Théo no boulevard Lannes. Édith, já bem doente, nos recebia sorridente, com uma xícara de café e até mesmo com uma aguardente envelhecida. Pode-se dizer que ela era Gesolmina[7]. Ela nos deixaria alguns meses depois. Théo continuou a andar de bicicleta.

Jantávamos com frequência na casa de Pierre Massimi (ator da série *Les secrets de la mer rouge*), em La Celle-Saint-Cloud, também no subúrbio parisiense. Fazíamos sessões espíritas com as mesas girantes. Um dia, nunca vou me esquecer, Édith não apenas manifestou sua presença, como também compôs uma canção chamada "Jours gris". Alice Dona é testemunha disso. Havia até música nessa canção.

No dia 27 de agosto de 1970, Théo jantou na casa de Pierre Massimi que, mais tarde, o levou de volta ao boulevard Lannes. Pierre dirigia com prudência. Entretanto, naquela noite, durante todo o percurso, Théo, tenso, não largou o painel do carro. Chegou a confessar a Pierre que morreria em um acidente de carro. No dia 28 de agosto, portanto no dia seguinte, Théo Sarapo morreu em Parragel, a alguns quilômetros de Limoges.

Gilles Durieux

....
5. Personagem dos romances policiais de Auguste Le Breton. (N.T.)
6. Famoso cabaré-restaurante da Broadway. (N.T.)

....
7. Personagem do filme *La strada*, de Fellini (1954). (N.T.)

"Eu mal o conhecia,
A gente se viu três vezes
Mas no fim da semana
Ele veio em casa..."

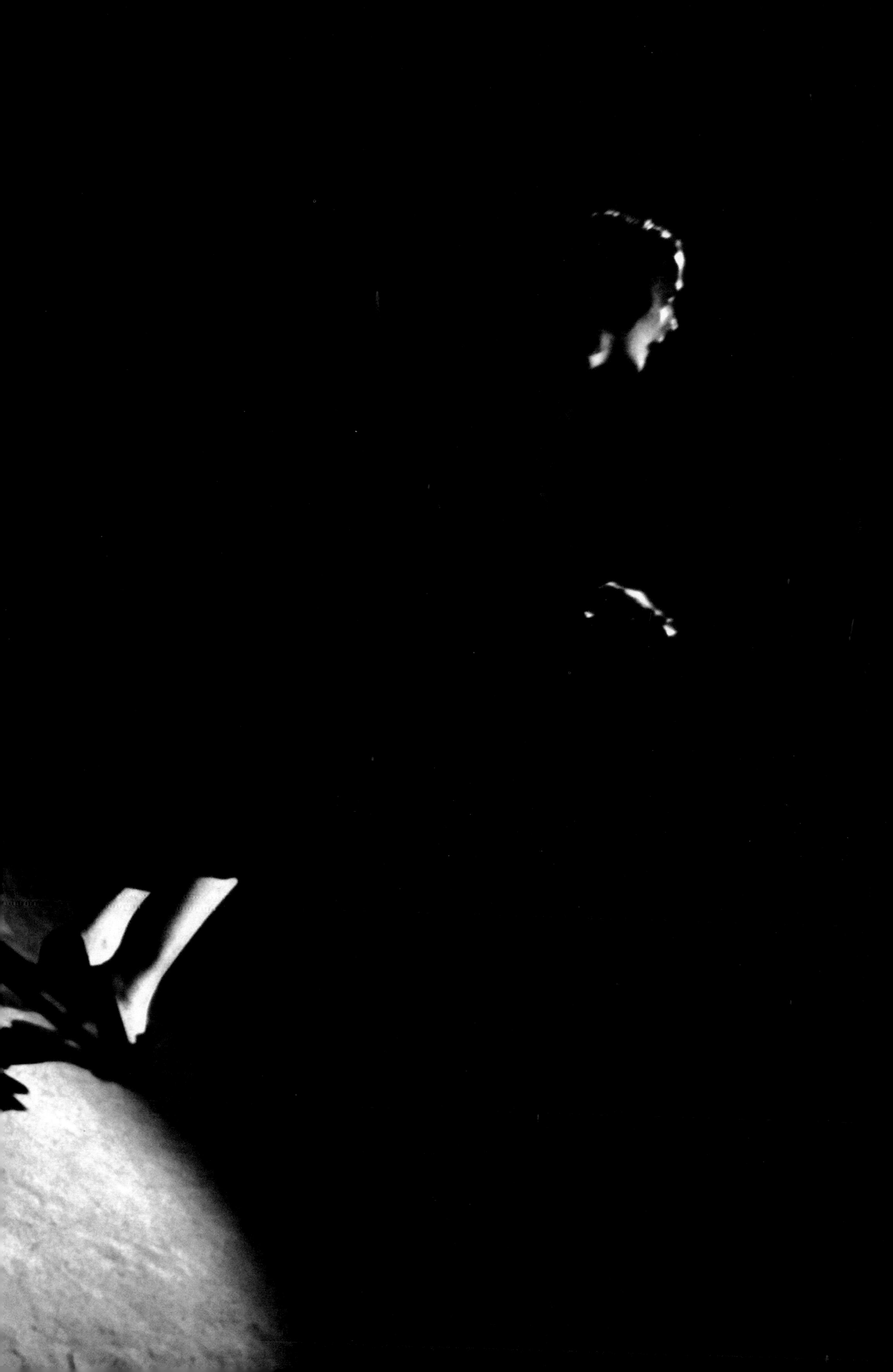

1920

Os primeiros passos de uma Môme diferente das outras

A pequena Édith, menina de circo? Com toda a certeza. Deve-se admitir que, na família Gassion, viajar é uma história de família.
"On the road again, again", e a história começa...
Em 1914, Louis Gassion instala-se em Paris e cruza o caminho de Anita Giovanna Maillard, vendedora de *nougat*. Ao lado dos carrosséis, o pequeno homem moreno, de 1,54 metro de altura e quarenta quilos, exibe seus músculos elásticos e seduz a jovem de dezenove anos.
Eles se casam em 4 de setembro na cidade de Sens. A pequena Édith nasce no hospital Tenon, em 19 de dezembro de 1915. É impossível confirmar a presença do pai, já que ele teria partido para a guerra. Será que ele tinha esperado a ambulância? Será que ele tinha ido encher a cara em todos os botecos de Belleville para comemorar o acontecimento? Será que ele estava congelando na guerra, a centenas de quilômetros dali? A escolha é sua! Entretanto, a guerra os separa. O amor se desgasta, ainda mais que Anita Maillard se recusa a deixar que o casamento e a maternidade interfiram em seu sonho de se tornar cantora. Ela solta a voz nas ruas e nos bares com o nome artístico de Lina Marsa e mal toma conta de sua filha. Quando Louis volta da guerra em 1917, encontra a filha sob os cuidados, ou melhor, sob a falta de cuidados da avó Maillard, ex-domadora de pulgas. Ele resolve levá-la para Bernay, na Normandia, onde "mamãe Tine" mantém um comércio de um gênero bem particular. A Môme vive alguns anos nesse universo de mulheres, cheia de mimos. Seu pai a visita algumas vezes, durante as quais ela vai com ele a bares e cantarola em cima das mesas. Em 1925, ele resolve levá-la em suas viagens para formá-la no ofício. Além disso, aos dez anos, Édith já não tem mais idade para conviver muito perto do estabelecimento de Léontine. Eles vivem numa carroça atrás de um circo na Bélgica, vão de cidade em cidade, de feira em feira na França, até voltar finalmente para as ruas de Belleville.
Édith não demonstra nenhuma flexibilidade ou predisposição para as artes circenses. Ela é deixada de canto com a equipe que instala a lona e recolhe o dinheiro no fim do espetáculo. Por outro lado, ela tem "a" voz. E que voz! "A Marselhesa" e outros refrões da menina terminam rapidamente as apresentações do contorcionista. É o começo do seu aprendizado...
Desses anos de estrada, dessa vida de saltimbanco, ela contará apenas as histórias engraçadas. A promiscuidade começa a se tornar um peso para a adolescente, a necessidade de liberdade começa a se fazer sentir. Depois de algumas fugas, Édith, aos quinze anos, deixa o número 115 da rua Belleville. Outra etapa se inicia: a da *goualante* nas ruas e dos bares, e a de Simone Bertaut, a companheira dos tempos difíceis, quando elas têm de se virar. Em 1932, ela cruza com o entregador Louis Dupont. Beijinhos e primeiro amor... Mas o eleito não gosta nada do lado cantora de rua da companheira. A seu pedido, Édith experimenta trabalhar alguns meses em uma fábrica de botinas, na Taupin et Masquet. Nada emocionante. Ela se aborrece, precisa cantar. Em fevereiro de 1933, a pequena Marcelle vem ao mundo. O casal não anda muito bem, os conflitos são intermináveis. "P'tit Louis" não aceita que Édith leve o bebê durante suas peregrinações por Paris. Édith não está pronta para se tornar dona de casa e escolhe Momone (Simone), as ruas e os bailes de caserna. A pequena acaba na casa da mãe de P'tit Louis. Em julho de 1935, "Cécelle" (Marcelle) morre em razão de uma meningite fulminante. Subitamente... Édith fica em estado de choque, tudo desaba, rápido demais. Ela e Simone continuam a cantar nas ruas até o famoso dia de

1936

outono de 1935. Na luta do dia a dia, elas tentam o cruzamento da rua Troyon, nos bairros chiques.

> Somos nós os pirralhos, os pirralhos da dureza,
> Os sem-teto que vão embora sem um tostão no bolso,
> Somos nós os miseráveis, a escória dos miseráveis,
> Que nos amamos uma noite em qualquer lugar.
> Les Mômes de la cloche

A um passo de casa, ou seja, onde os caminhos se cruzam, Louis Leplée ouve a jovem e a interpela: "Cantando desse jeito, você vai acabar com a sua voz!". Na verdade, há várias versões sobre esse encontro. Alguns preferem a versão de um encontro arranjado graças às "relações" comuns de Pigalle e do meio, os mesmos lugares frequentados pelos inúmeros amantes de Leplée. Seja como for, dos Champs-Élysées aos botecos mal-afamados, encantado por essa voz bruta e fascinante, Leplée convida esse pássaro das ruas para uma audição. A chance dos seus vinte anos! De seu repertório de antigas canções populares, ela mantém apenas três. Ele quer que ela suba ao palco como ela é, sem meia-calça nem maquiagem. Ele quer que ela seja uma menina das ruas de Paris, com um vestido barato, um pouco moleque, e procura um nome apropriado para ela. Nenhum dos pseudônimos de cantora de *bals musettes* de Édith o deixa satisfeito. Com a Môme Moineau (pardal) na cabeça, ele inventa a Môme Piaf[1] e abre as portas de seu cabaré para ela. Acontece que o Gerny's era um dos lugares da moda da alta sociedade parisiense; Maurice Chevalier, Mistinguett, o aviador Jean Mermoz, só para citar alguns, são clientes "de carteirinha". Uma clientela chique e rica... Um verdadeiro sucesso. Mas cantar na frente da "alta sociedade" parisiense não basta para lançar uma carreira. "Papai Leplée" tem consciência disso e vangloria, então, as qualidades de sua protegida para Jacques Canetti, produtor de um programa na Radio-Cité dedicado à descoberta de jovens talentos: o começo da fama. Ele também apresenta Piaf a Jacques Bourgeat, eletricista que se tornou poeta e com quem ela manteria uma amizade afetuosa, altruísta e sem malícia. A Môme tinha um grande instinto, mas ela acabaria tendo de aprender a profissão na prática, entre o Gerny's, uma breve participação no filme *La garçonne*[2] e os Seis Dias no Velódromo de Inverno (Six-Jours no Vel d'Hiv), uma primeira gravação de "Les Mômes de la cloche" para o selo Polydor. Essa efervescência de seis meses acaba brutalmente na noite do dia 5 para 6 de abril de 1936. Leplée é assassinado. Piaf se desencanta; além do choque da perda desse "pai adotivo", certo tipo de imprensa tira proveito dela. A ascensão fugaz termina com meses de bebedeira para afogar as mágoas e decepções, uma descida aos infernos que dura até Raymond Asso começar a se encarregar dela.

> Quando você partiu carregado com seu triste fardo
> Todo o meu passado foi junto com você e eu lamento...
> Eu lamento meus problemas, minha infância,
> Meus caros amores que hoje são apenas lembranças...
> 'Chand d'habits (letra de Jacques Bourgeat)

---

1. "Piaf" significa "pardal" na gíria parisiense. (N.T.)

2. *La garçonne*, filme de Jean de Limur, 1936. (N.T.)

1920-1936

No alto, à direita: Marcelle Dupont, filha de Édith e de P'tit Louis, nascida no hospital Tenon em 11 de fevereiro de 1933. Ela falece em consequência de uma meningite no hospital Necker em 7 de julho de 1935. Marcelle está enterrada ao lado de sua mãe no cemitério Père-Lachaise. No centro, à esquerda: com seu pai e uma de suas "madrastas" de passagem. No centro, à direita: 1932. Édith grávida de Marcelle. Embaixo: a Môme no início de sua carreira. Ela era conhecida como Talia, Denise Jay, Huguette Hélia e cantava "Nini peau d'chien" e "La valse brune".

"Ela já era Piaf no ventre de sua mãe."
Marc Bonel

Página da direita, no alto, à esquerda: batizado de Édith Giovanna Gassion, em 1917, na igreja Saint-Jean-Baptiste de Belleville. No alto, à direita: Édith com Simone Berteaut, a "Momone", companheira dos dias de miséria. Por volta de 1932. Embaixo, à direita: quando Édith cantava nas casernas. Embaixo, à esquerda: em 9 de dezembro de 1933, na caserna de Clignancourt.

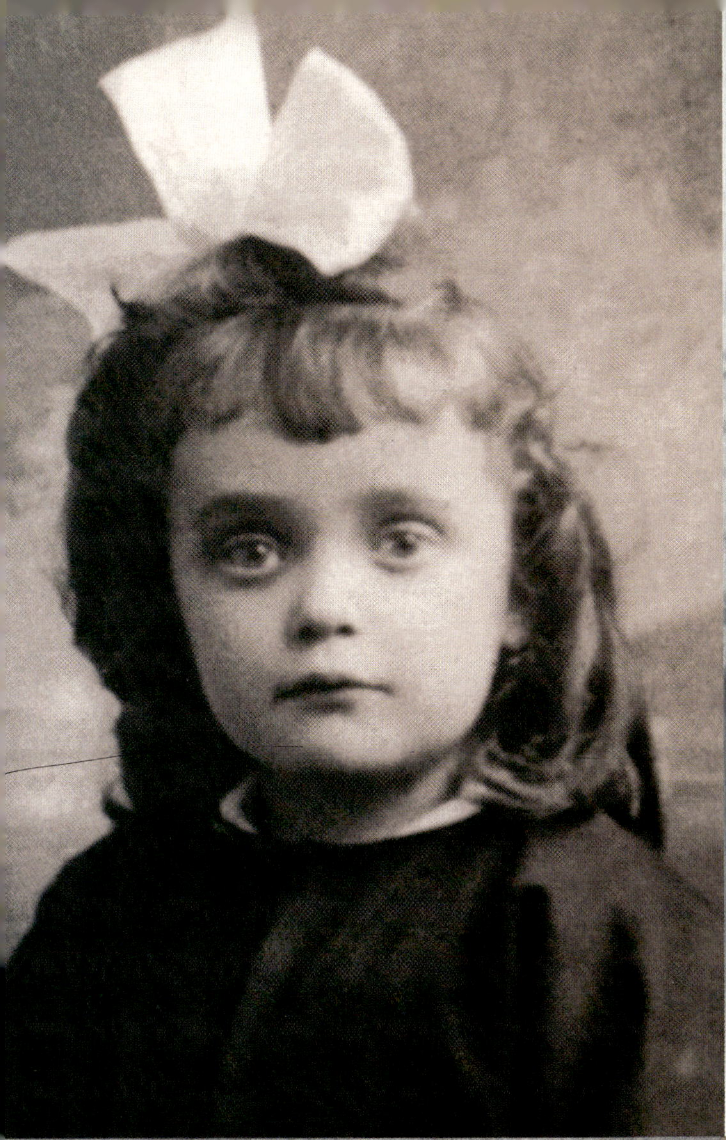
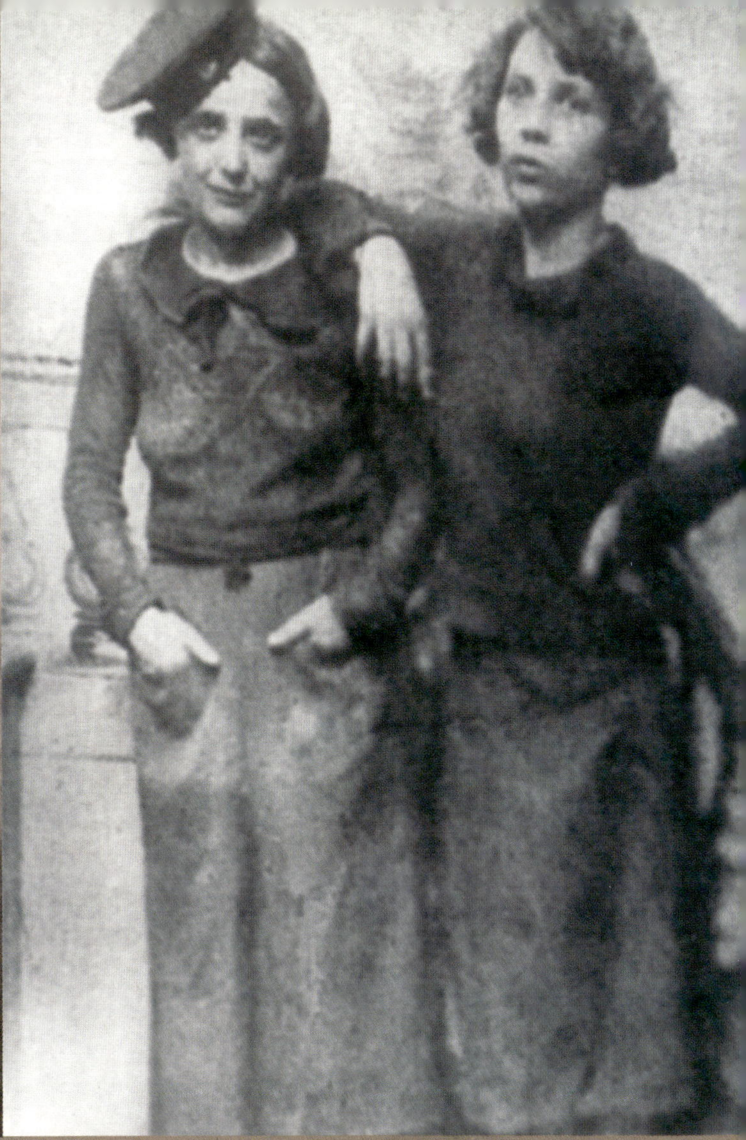
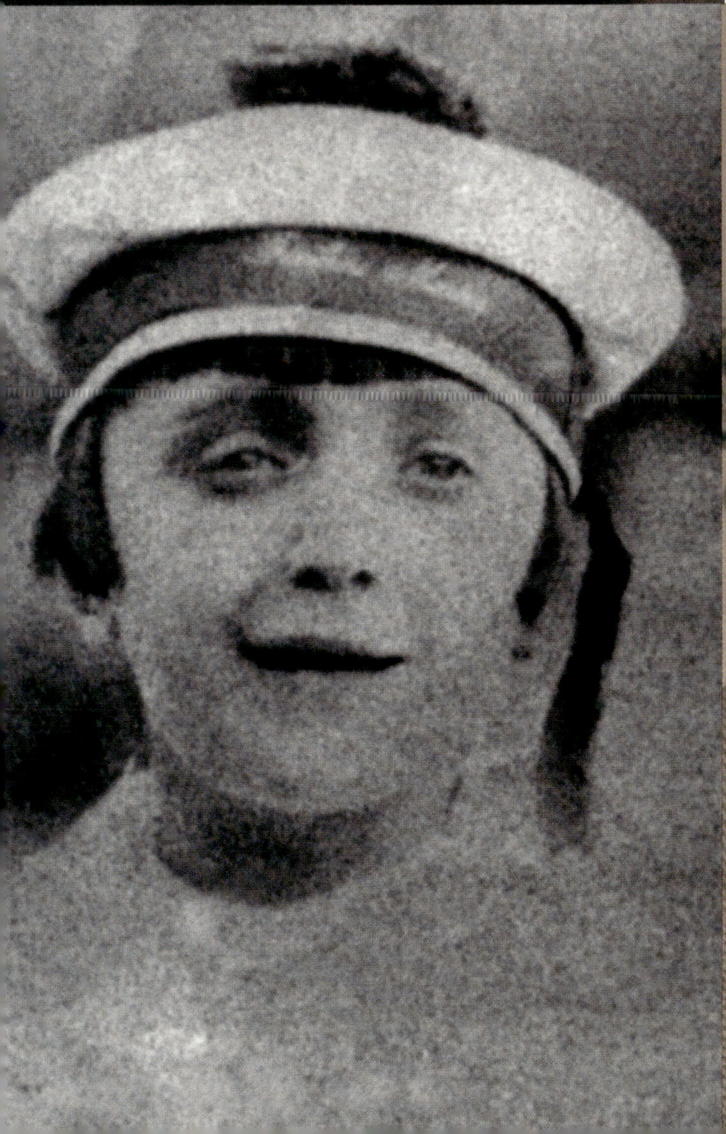
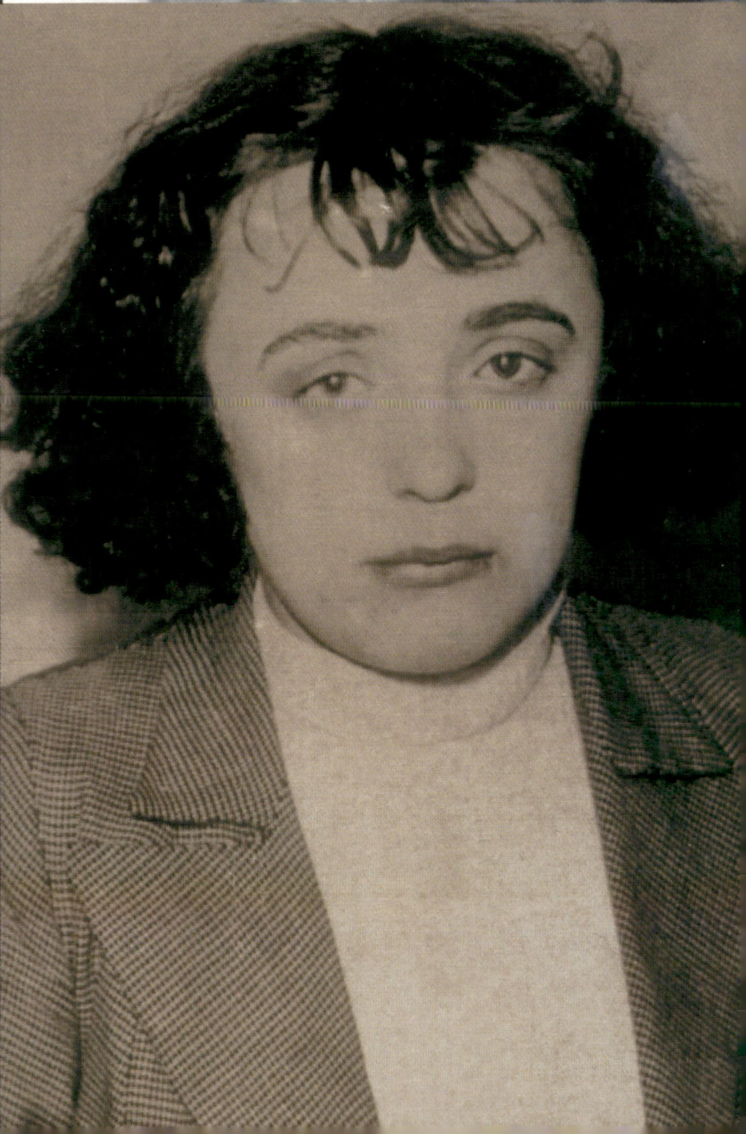

1920-1935

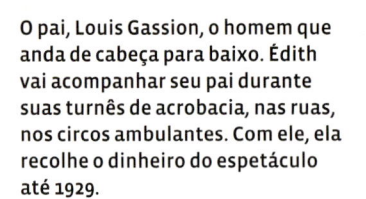

O pai, Louis Gassion, o homem que anda de cabeça para baixo. Édith vai acompanhar seu pai durante suas turnês de acrobacia, nas ruas, nos circos ambulantes. Com ele, ela recolhe o dinheiro do espetáculo até 1929.

GASSION
CONTORSIONISTE-ANTIPODISTE
L'HOMME QUI MARCHE LA TÊTE A L'ENVERS

Édith, a Môme, participa de uma apresentação de gala no circo Medrano, em 17 de fevereiro de 1936.

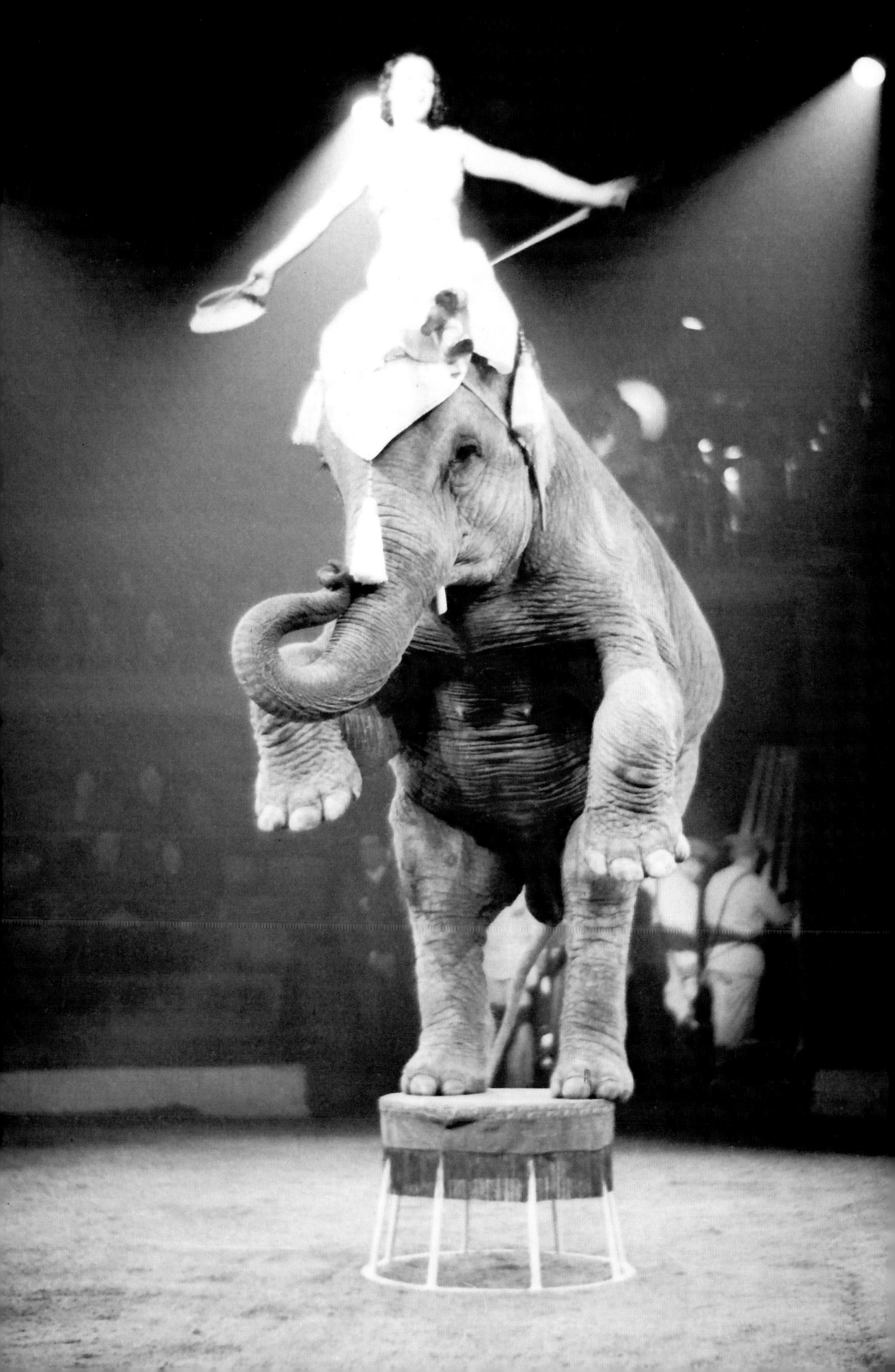

Marguerite Monnot

"Obrigada por me ter ajudado a me tornar Édith Piaf." Marguerite Monnot, cujo apelido era "la Guite", contribuiu plenamente para o sucesso de sua amiga. Devemos a ela mais de duzentas músicas. Desde muito jovem, ela já dava concertos em toda a Europa. Mas alguns problemas de saúde contrariam sua carreira de concertista. Em 1931, ela assina sua primeira composição, cria uma música atrás de outra e, então, encontra Raymond Asso, mentor de Piaf. Os versos e a melodia se casam muitíssimo bem: "Mon légionnaire", "Le fanion de la Légion"... Como Édith tinha um belo estilo de escrita, Marguerite veste seus textos de música: "J'ai dansé avec l'amour", "Un coin tout bleu", "L'hymne à l'amour"... Ela participa de todos os projetos e colabora com os letristas muito caros a Édith. Depois de "La P'tite Lili", a compositora realiza a obra-prima de sua carreira, "Irma la Douce", que, com o rostinho meigo de Shirley McLaine, rodou o mundo inteiro. É o amor que vai enterrar essa divina sociedade feminina. A partir de então, Édith a ignora.

Édith e "la Guite", quando as palavras encontram as notas. "Você será a rainha dos direitos autorais!", disse-lhe um dia Édith.

1936

No palco do Gerny's, um cabaré da rua Pierre Charon, número 54, nos Champs-Élysées, entre 10 de janeiro e 5 de abril de 1936. "Les Mômes de la cloche" e "L'Étranger".

"Para mim, cantar é uma fuga,
um outro mundo, não me sinto mais na terra!
Se não pudesse mais cantar, morreria!"

as musas

Piaf encarna um ícone da canção francesa, maravilhosamente única. A lenda superou a moda, "ela caiu do céu, através dos tempos", como disse Jacques Higelin em uma canção. E o anjo abre suas asas de talento sobre um mundo agraciado. No entanto, Édith Gassion, que ainda não era Piaf, tem os pés bem firmes na realidade da época. Os cafés-concerto estão no auge. Esses são *les années folles* (anos loucos)? Tenta-se esquecer uma guerra devoradora de almas por meio de ensurdecedores ritmos endiabrados. Canções desenvoltas, revistas fúteis, *strass* e lantejoulas ocupam boa parte do espaço musical da época. Mistinguett e Maurice Chevalier, o casal mais importante do *music hall*, embalam desde 1918 a "Pa-ri-ki-ri" (a Paris que ri).

Seguindo a tradição dos *troupiers*[1], a veia cômica não fica atrás e tem um grande sucesso com Milton, Fernandel e Georgius, por exemplo. O exotismo também faz sucesso. O tango acaricia com sua sensualidade os ouvidos e os corpos entrelaçados. O jazz se espalha em ritmos sincopados, gingados e frenéticos. Joséphine Baker populariza o foxtrote e o charleston.

Um outro estilo se impõe: a canção realista. Desde o começo do século XX, toda uma geração se alimenta dos romances *noirs*, dos poemas cheios de gírias de Aristide Bruant e cantarola "Nini peau d'chien". Eugénie Buffet e sua "Hirondelle des faubourgs" fazem sucesso seguindo o mesmo estilo. Preferindo o visual esfarrapado das ruas aos belos vestidos, essa francesa nascida na Argélia entra no estilo do real e lança o estilo "prostituta de café-concerto".

A crise de 1929 acentua o cinza do céu francês. Miséria, medo do futuro, sobreviver, em vez de viver... A realidade da Paris popular se perde nesse mundo de frivolidades. Os compositores de Montmartre e os cantores da vida das ruas, Fréhel e Damia, não se esquecem dessa Paris. Diante da miragem americana, eles cantam a Paris popular, sua vida, sua alma. Até Mistinguett a cantarola, todos nós somos um pouco "crianças de Paris".

Também se canta o amor. As mulheres seduzem e sussurram. A nova Eva é a prova da evolução dos tempos: ela substituiu o homem no trabalho, nas fábricas, nos campos; os cabelos com cortes masculinos, as saias começam a encurtar e o uso de calças se torna popular. O "Parlez-moi d'amour" de Lucienne Boyer se torna eterno. As canções de charme se tornam "doces" e, em seguida, "ternas". O cheiro dos portos, as carícias dos marinheiros, o sopro dos ventos do deserto... Ah!, "Mon légionnaire". Em resumo, sussurra-se, murmura-se, declama-se, grita-se, chora-se e sofre-se por amor... Canta-se com as entranhas, abandona-se aos paraísos artificiais e ao álcool e, às vezes, chega-se a ponto de se destruir para experimentar sensações cada vez mais fortes: Yvonne Georges, Fréhel, Line Marsa... Isso não lembra nada? Deboche das ruas, criança da Paris popular, grito das tripas, poesia do amor. Um gesto aqui e ali, um timbre de voz, uma nota, uma atmosfera podem ser percebidos, de vez em quando, na principiante. Piaf é tudo isso e muito mais...

....
1. Comediantes que se vestiam de soldados e interpretavam monólogos ou canções cômicas ligadas à vida militar. (N.T.)

as musas

Line Marsa

A mãe de Édith Piaf tinha – e Michel Simon é testemunha disso – uma voz incrível, mas ela quase não embalou sua pequena. Anita Giovanna Maillard não conseguia ficar parada. Ela sonhava com cabarés e canções…
Nascida em 1895 na Itália, ela passou a infância no circo dos pais, Aïcha Saïd ben Mohamed, domadora de pulgas, e Auguste Maillard. Em um parque de diversões, ela se apaixona pelo charme de Louis Gassion e de seu pequeno espetáculo. Já sabemos o que acontece depois! O casamento e uma pequena Édith, em 1915. A guerra os separa. Abandonando a filha, Anita se lança com o pseudônimo de Line Marsa. Alguns sucessos, alguns contratos aqui e ali, um dueto com Michel Simon… e uma queda perigosa pelo álcool e pelas drogas. Ela desaba e agarra-se a sua tão célebre descendência. Sua vida se alterna entre as ruas parisienses e as prisões. Édith paga advogados, envia encomendas, dá mesada, mas deixa sua porta fechada. Presa às ruas escuras de Paris, Line Marsa falece em consequência de uma overdose em 1945.

Última foto da mãe de Édith, em fevereiro de 1945.
Abaixo, um bilhete para a filha no qual assina com o nome que adotou: Jacqueline.

*…sua secretária. Obrigada, minha menina. Estou reembolsando o que lhe devo. Minha vida continua a mesma coisa, vazia e triste. Um beijo bem grande da sua mamãe que a ama.
J. Maillard
11, rue Courtout

Édith sustentou a mãe por intermédio de sua secretária na época, Andrée Bigard, mas jamais conseguiu voltar a vê-la: "Não se abandona os filhos", ela dizia.

Fréhel

Nasceu em 1891, em Paris, filha de um casal de porteiros que vinham de Primel-Trégastel, na Bretanha. Marguerite Boulc'h percorria os bairros populares. Com o pseudônimo de Pervenche, a bela morena iniciou a carreira no café-concerto l'Univers. Depois ela se torna Fréhel, em homenagem ao cabo da Bretanha, e seduz a "alta" parisiense com o deboche das ruas e seu porte elegante. Seu marido, o cantor Roberty, lhe conseguiu seu primeiro sucesso, "Sur les bords de la Riviera", e depois a deixa. Ela se apaixona, então, por Maurice Chevalier, que a rejeita por Mistinguett. Vida noturna, depressão, álcool, drogas... e *rock'n'roll*! Ela fala das ruas, da miséria, dos cafetões e das prostitutas. Canta o desespero e celebra os paraísos artificiais que a matarão. Depois de se exilar no Leste Europeu, ela volta a Paris velha, inchada, mas ainda dominando com habilidade o humor e o realismo. Uma segunda carreira a espera com "La Java bleue" e "Où sont tous mes amants?". Ela atua no cinema com Jean Gabin em *O demônio da Argélia*[1]. Fréhel falece em 1951. No começo da carreira, ainda nas ruas, Édith cantava com frequência as canções de Fréhel, "Comme un moineau" (1925) e "Je n'attends plus rien". Édith e Fréhel, intrigantes semelhanças de vida: as ruas parisienses, a perda de um filho, amores sofridos...

. . . . . .

1. *Pépé le Moko*, filme de Julien Duvivier, 1937. (N.T.)

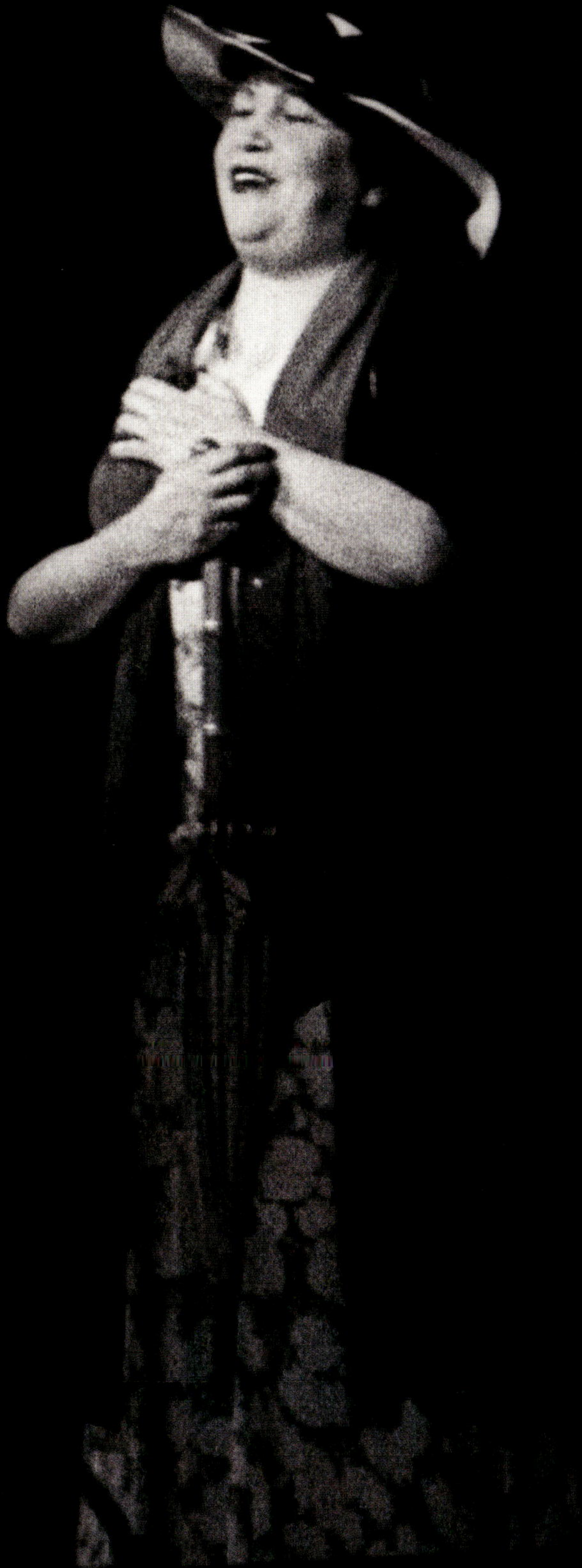

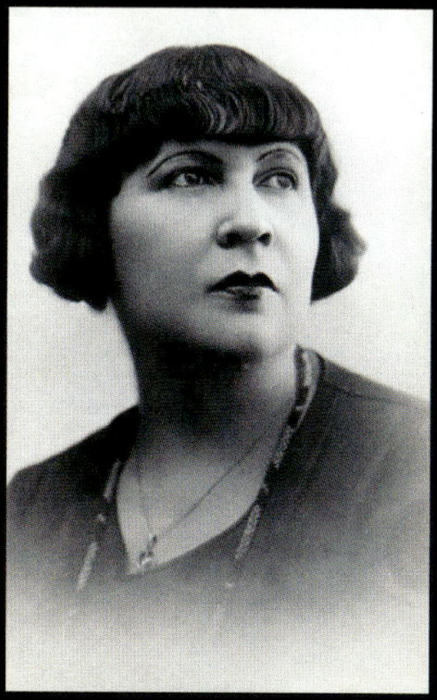

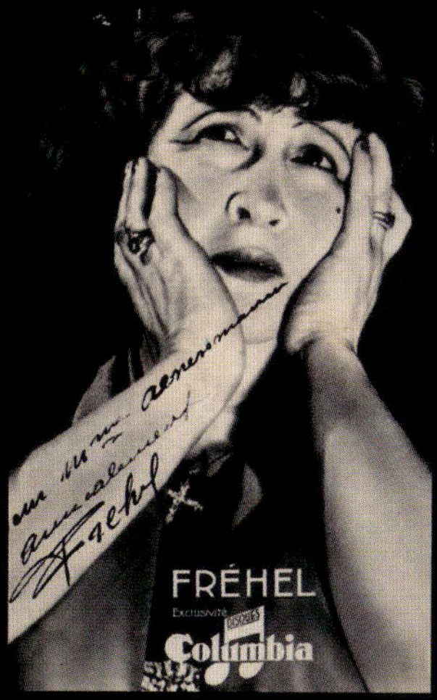
FRÉHEL
Columbia

as musas

Marie Dubas

A jovem Marie Dubas nasceu em Paris, assistiu a algumas aulas de arte dramática, mas trocou o teatro pela canção. Tendo como modelo Yvette Guilbert, cria rapidamente fama uma reputação de cantora de canções satíricas, depois se destaca como vedete de operetas e comédias musicais. Ela empresta seu corpo e sua voz aguda a inúmeros personagens. Aproveitando seu rosto expressivo, suas caretas e sua beleza, ela vibra com as melodias dos tangos e cria, no dia 27 de maio de 1936, o famoso "Légionnaire", concebido pela dupla Monnot e Asso... Em 1937, Édith é levada por Raymond Asso ao ABC, onde assiste a catorze apresentações de Marie Dubas. A iniciante se emociona com tanto talento e admira a "verdadeira profissional". Paixão, exigência no trabalho, nada é obra do acaso: dos gestos à impostação da voz. Em 1939, a popularidade de Marie Dubas a leva aos Estados Unidos, mas sua origem judaico-polonesa a força ao exílio durante a guerra. Marie Dubas emociona multidões até 1958. Vítima do mal de Parkinson, retira-se da vida artística e falece na capital em 1972. Piaf gravaria "Mon légionnaire" em 12 de novembro de 1937.

Annette Lajon

Essa parisiense começa a carreira na música clássica e na ópera. Em 1934, muda de universo. Enquanto Piaf começava sua carreira nas ruas e nos bares, a soprano experimenta um novo repertório no sul da França, depois nos cabarés parisienses e nos templos do *music hall*. Ela grava suas primeiras canções e atinge o apogeu, em setembro de 1936, com o Grande Prêmio do Disco com "L'étranger", uma melodia assinada por Monnot. Motivo de discórdia? Pouco importa para Piaf, ela dá sua própria interpretação à canção. Annette Lajon conquista um sucesso após o outro: "Chanson gitane", "Pour fêter ton retour"... Vai para o sul e adere à resistência francesa. Ela decide abandonar a carreira em 1961.

Damia

Marise Damien nasceu em 1889 em Paris. Foge de casa aos quinze anos e consegue um papel de figurante no Théâtre du Châtelet alguns anos mais tarde. Ela chama a atenção de Roberty, marido de Fréhel, que lhe propõe aulas de canto e outras coisas mais, se ela quisesse. Félix Mayol a lança como vedete do espetáculo de seu café-concerto. Com um vestido preto justo, sugestão do próprio Sacha Guitry, essa artista completa, atriz e dançarina impõe um estilo, uma encenação, uma nova concepção de iluminação. Em 1927, Damia canta e faz um grande sucesso com "Les deux ménétriers", de J. Richepain e L. Durand. A Môme Piaf gravaria essa canção em 7 de maio de 1936. A partir de 1945, apesar da turnê japonesa e de alguns recitais, a carreira de Damia começa a declinar. No Olympia, em 1954 e 1955, ela oferece uma oportunidade a um principiante: Jacques Brel... Ela falece em 1978, em consequência de uma queda. Damia interpretou duas canções escritas por Édith: "Y a tant d'amour" e "Un coin tout bleu".

Suzy Solidor

Suzanne Marion, mais tarde Rocher, nasce em 1900. Essa loira escultural se torna modelo e cantora. Mas sua proximidade com os oficiais alemães a proíbe temporariamente de exercer a profissão. Ela abre seu próprio estabelecimento, Chez Suzy Solidor, em 1949, depois dirige uma sala de espetáculos no sul da França, antes de entrar para o comércio de antiguidades. Ela falece em Cagnes-sur-Mer em 1983. De físico andrógino e voz grave, ela atua na Ópera dos três vinténs[1], no filme *La garçonne*, de Jean de Limur, escreve e interpreta poetas de Mague a Cocteau. Empresta seu rosto a mais de duzentos retratos e fala do mar e dos marinheiros, que erram nos portos sofrendo por amores atormentados. Suzy Solidor interpreta "Escale", com letra de Jean Marèze e música de Marguerite Monnot, fazendo vibrar com sua voz grave (quase um barítono) as ondas de seu sangue bretão. Piaf gravou "Escale" em 5 de abril de 1940.

1. *Die Dreigroschenoper*, peça de teatro musical de Bertolt Brecht e Kurt Weill, 1928. (N.T.)

1920-1936

LA REVELATION DE 1936

LA MÔME PIAF

c'est une vedette
POLYDOR

Página da esquerda: Piaf na Place du Tertre; embaixo: primeira litografia de Piaf pelo selo Polydor. Página da direita: primeira festa no Gerny's, com Louis Leplée. Em 10 de janeiro de 1936, Édith se torna "la Môme Piaf". Numa noite, nesse cabaré, um dos que estavam mais em voga na época, Édith conhece Jean Mermoz, o ilustre aviador conhecido como "Arcanjo".

1936

1936. Primeira cena no filme *La garçonne*, longa-metragem inspirado no romance de Victor Margueritte. A Môme Piaf, rodeada por Marie Bell e Suzy Solidor, canta "Quand même" (letra de Louis Poterat e música de Jean Wiener).

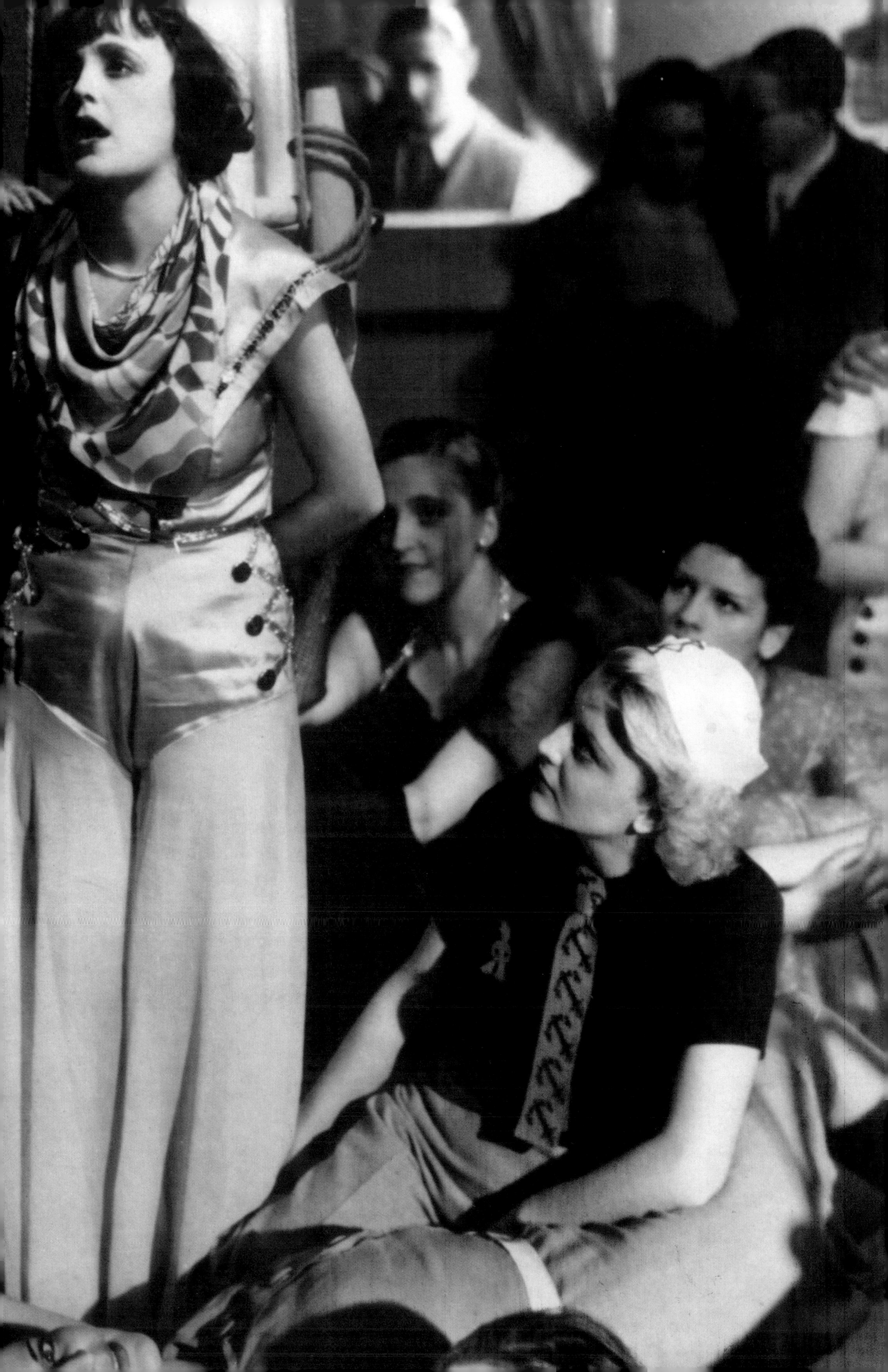

1936

Louis Leplée: da rua ao cabaré

O diretor do cabaré-restaurante Gerny's, organizador das noites parisienses desde os *années folles*, é o primeiro a oferecer uma oportunidade à menina das ruas. Antes da Primeira Guerra Mundial, Louis Leplée teve uma pequena experiência de palcos, já que havia herdado o talento de seu tio Polin. Polin? Um *troupier* cômico por excelência. Infelizmente, Leplée voltou manco da guerra, mas permaneceu no mundo dos espetáculos, abrindo seu primeiro cabaré no *faubourg* Montmartre. O Liberty's e o Gerny's surgiriam em seguida. Esse homem elegante assume plenamente sua homossexualidade e sua paixão desenfreada pelo mundo da noite. Em 1936, "papai Leplée" é assassinado com um tiro. Tentativa de roubo? Assalto? Ajuste de contas? As investigações deveriam se orientar para os amantes pouco recomendáveis do diretor? A polícia privilegia, erroneamente, a pista de Pigalle, Piaf e seus amigos gatunos. Apesar de todos terem álibis, a dúvida paira sobre ela. A investigação empaca e não chega a lugar nenhum.

O assassinato de Louis Leplée, em 7 de abril de 1936. A Môme vai ser interrogada pela polícia judiciária de 7 a 10 de abril de 1936. Embaixo: o enterro de Louis Leplée.

DétectivE

LE PLUS GRAND HEBDOMADAIRE DES FAITS DIVERS
9ᵉ Année — N° 390
1 fr. 50
Le jeudi 16 PAGES
16 AVRIL 1936
DIRECTEUR : Marius LARIQUE

Les Quatre Tueurs

RENIÉ PAR SES COMPAGNONS DE VICE, LOUIS LEPLÉE N'EUT QUE DES FEMMES, LA MOME PIAF ET LAURE JARNY, POUR PLEURER A SES OBSÈQUES.
Pages 2 et 3, les révélations de Marcel MONTARRON.

1936

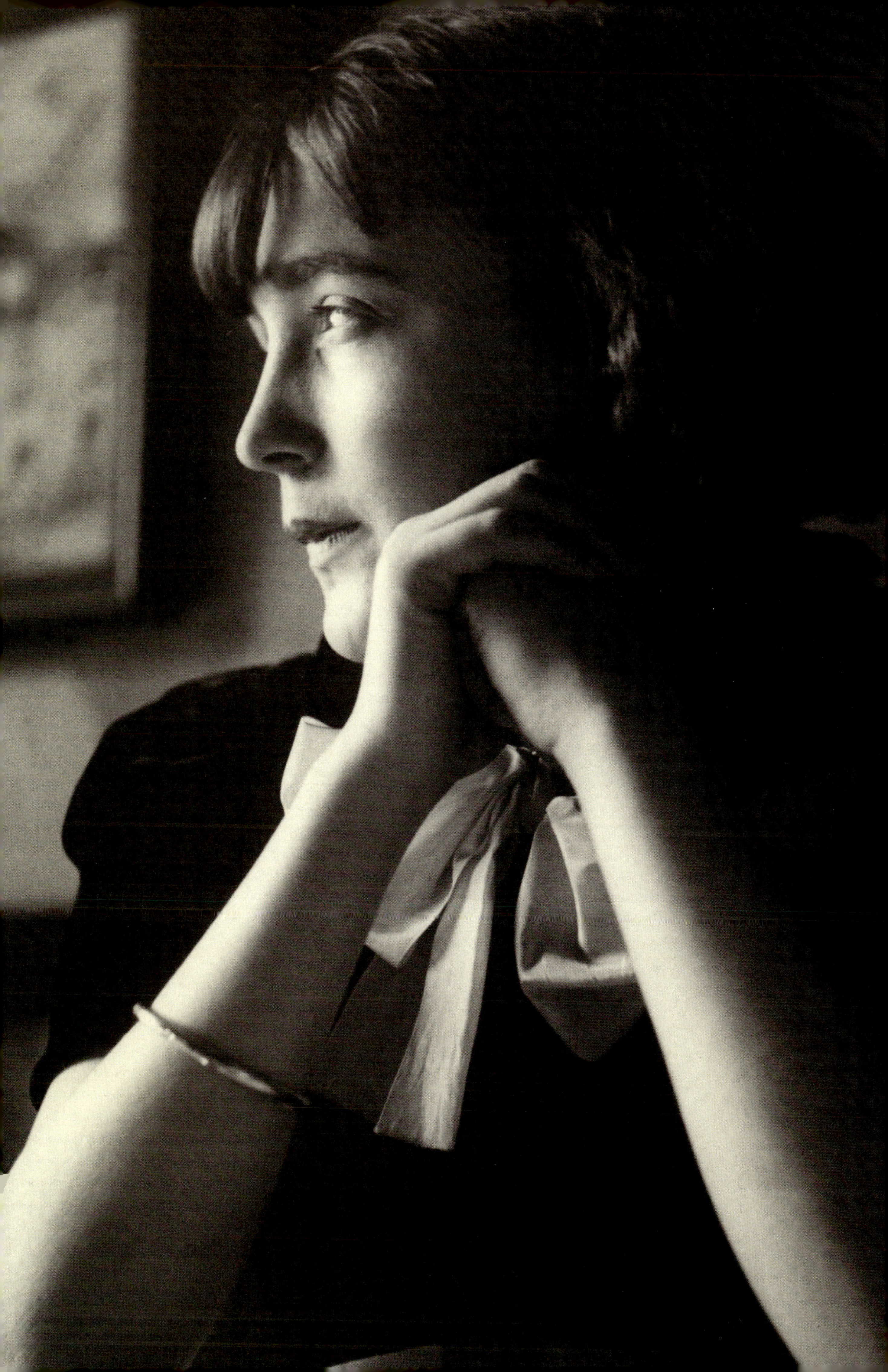

1936

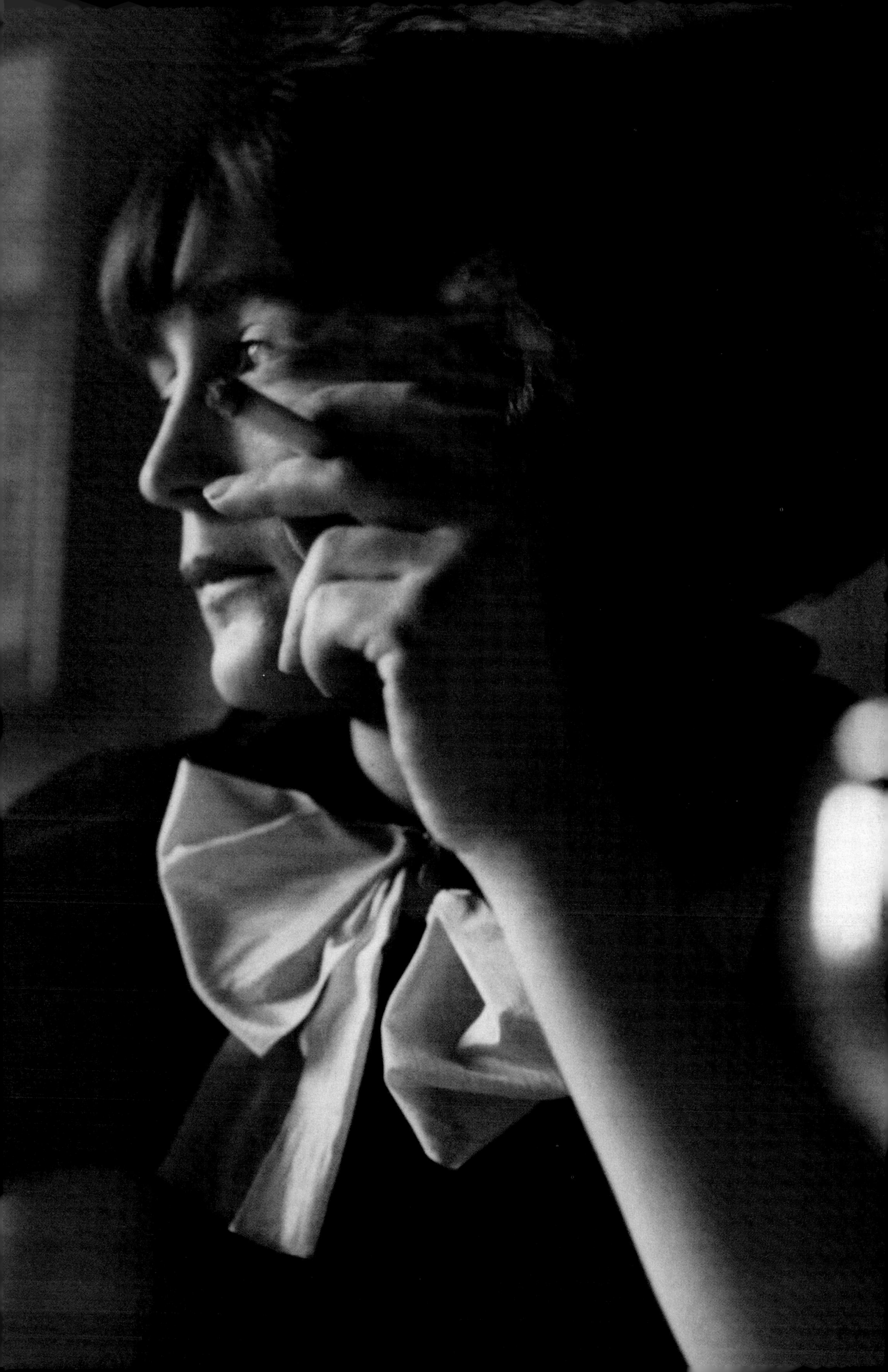

1937
A ascensão de uma estrela

Depois da morte de Leplée, Édith se refugia na casa do letrista Raymond Asso. Sua carreira não avança, ela não quer voltar para as ruas. São os duros tempos de aprendizado. O regime é espartano. Asso começa "arejando" o círculo de amizades de sua "Didou": Momone, os amigos suspeitos de Pigalle, a família... Ele impõe a ela um ritmo, uma higiene de vida. Ele faz com que a debochada se torne civilizada, tarefa árdua, trabalha sua dicção, usa e abusa dos vocalises. O mestre explica as palavras, as frases que ela cantava até então, sem entender necessariamente o significado. No piano, Marguerite Monnot acompanha as sessões, princípio de uma colaboração excepcional e de uma longa amizade. A Môme entende o caminho que deve percorrer. Só o instinto não basta, é preciso trabalhar arduamente. Para Piaf, seu "Cyrano", como ela o chama, consegue uma apresentação no ABC. Adeus, cabaré, chegou a hora do *music hall*! Mitty Goldin, diretor do ABC, a princípio contra a ideia de contratar uma principiante, além do mais a "Môme" com seu passado tumultuoso, se deixou convencer pouco a pouco. Será que Asso teria conseguido isso "pelo cansaço", como dizia Piaf? Será que Marie Dubois interferiu a seu favor? O que importa é que a jovem cantora estava nas nuvens. É verdade que ela não é a estrela, mas é ovacionada por todos. O público pede bis. Os críticos são unânimes. As turnês e os concertos se sucedem. Segunda apresentação no ABC. A apresentadora anuncia: "Vocês ouvem a voz da Môme, mas a Môme morreu. Agora é Édith Piaf que vocês vão ouvir". A imprensa repassa a novidade. 1938, terceira apresentação no ABC como a vedete americana de Trenet: é a consagração. Asso escreve apenas para Édith ("Mon légionnaire", "Le fanion de la Légion") que, a partir desse momento, canta apenas as letras dele. No palco do Européen, passando pelo Bobino, nasce a artista... Mas Piaf não é uma obra que se cristaliza. Ela é, a partir desse momento, uma mulher e uma profissional que deseja levar a vida e a carreira como bem entende. A convocação de Raymond Asso antecipa a separação. No inverno de 1938-1939, ela sai, canta em *nightclubs*... e conhece Paul Meurisse, com um porte "so british". Muito diferente do "cara de boina de Pigalle", o bem-nascido inicia a Môme na arte da elegância e do refinamento. Mas, profissionalmente, "a" Piaf comanda. Paul abre o espetáculo, Édith é a estrela, eles se apresentam nos teatros parisienses e, em seguida, no sul da França. Cocteau se inspira neles ao escrever a peça *Le bel indifférent*: "Uma mulher fala e esbarra na Muralha da China de um jornal, um jornal atrás do qual um homem se abriga em silêncio feroz". Um monólogo sob medida. Ela consegue um papel ao lado dele em *Montmartre-sur-Seine*, de Georges Lacombe. Paul também é convocado para a guerra e o coração de Édith começa a se entediar. O Cavaleiro Contet preenche as noites solitárias da jovem com sua presença. No começo dos anos 1940, a carreira de Édith Piaf toma um novo rumo. Com Henri Contet, as canções se tornam poemas. Nessa mesma época, surge um novo autor, Michel Emer e seu "L'accordéoniste". Com uma única canção no bolso, um dia antes de partir para a guerra, ele bate à porta de Édith. Ela se encanta, os poucos dez minutos que pretendia conceder-lhe tornam-se horas. As reuniões de trabalho com Édith são estimulantes, movimentadas. Eles brigam, discordam sobre um tema, uma palavra. Brigam feio e, quando resolvem tudo, de maneira clara, exata, precisa, vão para a casa da grande Marguerite Monnot em busca de uma música da qual apenas ela tem o segredo. Os anos de guerra diminuem o ritmo das atividades culturais, mas os cabarés e as salas de espetáculo continuam funcionando, assim como a espada de Dâmocles da censura suspensa sobre eles. Édith, em seu imenso

1949

apartamento da rua Anatole-de-la-Forge, reclama todos os dias do frio – é o período da ocupação alemã e as casas têm a calefação cortada. Contet leva a Môme para... o bordel de madame Billy, que sempre tinha calefação. Lá, ela morou feliz e descontraída, e recebia amigos como Cocteau, Mary Marquet, Marie Bell, Madeleine Robinson, Michel Simon... A vida continua. Depois de uma turnê sob sol da zona livre, Édith vai à Alemanha visitar os campos e as fábricas de prisioneiros franceses, pela primeira vez em 1943. Durante o verão de 1944, Édith ronda o Moulin Rouge à procura de alguém para abrir seu espetáculo. Alguém lhe fala de um jovem de camisa xadrez e visual à John Wayne: Yves Montand. Amor à primeira vista. Ela ensina ao "seu grandão" o duro aprendizado do ofício... Eles são ovacionados no Étoile, em 1945, e, em seguida, no Alhambra, onde cantam no mesmo espetáculo. Triunfam também em Marselha. Jean Wiener escreve no *Spectateur*, em 3 de outubro de 1945: "Tudo isso é impossível, tudo isso está longe de minha pobre e pequena *Môme Piaf*, do seu calor e da sua simplicidade, e dos tempos de hoje.". Clichês e caricatura. A pequena cantora das ruas de Paris, da Paris popular, dos bairros mal-afamados, encontra-se na esfera das grandes damas da canção.

1946. Édith mudou sua equipe musical. Robert Chauvigny, no piano, e Marc Bonel, no acordeão, lançam a música, um dueto fiel e sólido. Marcel Blistène roda *Étoile sans lumière*, e Édith é a estrela. Ela conhece numa apresentação de gala na Comédie Française, em março de 1944, um grupo de jovens muito simpáticos, Les Compagnons de la Chanson. A família começa a se conhecer realmente durante a turnê pelo leste da França e pela Alemanha, em abril de 1946. Pode-se dizer que ela também tem uma queda por Jean-Louis Jaubert, diretor e baixo do grupo. Logo, ela convida Les Compagnons para fazer a abertura no Club des Cinq e, depois, no Palais de Chaillot. Mas "a" Piaf vai ainda mais longe e mistura sua voz solitária aos coros harmoniosos dos Compagnons. "Les trois cloches", "Céline", "Le roi a fait battre tambour"... Ela os leva para todos os lados, França, Suíça, Bélgica, Noruega, Suécia, e tantos outros lugares... Eles gravam vários programas de rádio com o título "Neuf garçons et une fille chantaient" (Nove rapazes e uma garota cantavam). Inspirando-se abertamente nessa ideia, o diretor Friedland os convida para fazer o filme *9 garçons, un cœur*. Essa é a oportunidade para Édith interpretar duas canções magníficas: "C'est pour ça...", composição de Henri Contet e Marguerite Monnot, e "Les amants de Paris", com letra de Léo Ferré. A América? Ela lhes prometeu. Graças ao grande caça-talentos Clifford Fischer, Louis Barrier realiza o projeto. Eles se apresentarão no Playhouse Theatre de Nova York em dezembro de 1947. No entanto, dúvida e incertezas esperam a menina da Paris popular diante da incompreensão do público norte-americano. Barrier e Fischer conseguem uma apresentação no Versailles, cabaré-restaurante de ótima reputação na Broadway, em 10 de janeiro de 1948. Os gerentes, Nicholas Prunis e Arnold Rossfield, grandes conhecedores da canção francesa, acreditam no potencial da artista, mas incluem, apesar de tudo, uma cláusula de reembolso no contrato, em caso de fracasso. Piaf ignora a cláusula, é tudo ou nada. Ela melhora seu inglês e manda traduzir alguns textos. "Je ne connais pas la fin" torna-se "My lost melody" ou "Merry go round". É um sucesso, a promessa de uma carreira nos Estados Unidos. Ela ganha status internacional, chovem contratos. Édith escreve "L'hymne à l'amour" e derrete-se pelo "Bombardeiro Marroquino". Dois anos de felicidade, interrompidos de maneira cruel, em pleno voo, pela morte de Marcel.

1937

Em um bar de Pigalle. Da esquerda para a direita: Robert Juel, acordeonista, Édith e Raymond Asso. Édith gostava das canções de Asso, "acolhedoras como um aperto de mão", dizia ela. Embaixo: outubro de 1937, Asso se torna o *Pygmalion*[1] da Môme Piaf.

....

[1] Termo que vem do mito grego de Pigmalião, no qual o rei de Chipre e escultor, Pigmalião, se apaixona por sua própria obra: uma estátua feminina que esculpira. Esta será transformada em mulher real pela deusa Afrodite. Aqui, o sentido do termo é pessoa que, quando apaixonada, aconselha o outro e o molda de forma a conduzi-lo ao sucesso. (N.E)

Un talent rude
Une expression vraie

LA MOME PIAFF

524.299 — MON LÉGIONNAIRE / LE FANION DE LA LÉGION

524.300 — LE CONTREBANDIER / NE M'ÉCRIS PAS

EN EXCLUSIVITE SUR DISQUES
POLYDOR
LE DISQUE DE L'ÉLITE

"Eu tomei conta dela durante três anos e a fiz trabalhar a todo vapor."
Raymond Asso

"Eu existo para cantar,
eu canto para existir."

1937-1938

No alto: propaganda da Polydor, orquestrada por Jacques Canetti para a Radio-Cité. "Eu fui o camarada", declarou Jacques Canetti, "que fez um monte de programas de rádio para Piaf e, graças às minhas relações com a direção da Polydor, seus primeiros discos. No começo, ela não vendia lá grande coisa... mas a gente via que ela tinha um enorme potencial."

Página da direita: Bobino, 1938. De 28 de outubro a 3 de novembro de 1938, primeira apresentação como vedete com a orquestra de Maurice Boulais.

BOBINO
POLYDOR
Enregistrement Electro-Polyfar
Français
Chanson
MON LÉGIONNAIRE
(M. Monnot-R. Asso)
La Môme PIAF
accompagnée par l'orchestre Emil STERN
A B.I.E.M. 524.299
LE FANION DE LA LÉGION
(M. Monnot-R. Asso)
La Môme PIAF
accompagnée par l'orchestre Emil STERN
B B.I.E.M. 524.299
LE CONTREBANDIER
(Gilles-R. Asso)
La "MOME PIAF"
accompagnée par l'orchestre Emil STERN
B B.I.E.M. 524.300
DANS UN BOUGE DU VIEUX PORT
La Môme PIAF
A B.I.E.M. 524.324
ENTRE SAINT-OUEN ET CLIGNANCOURT
La Môme PIAF
A B.I.E.M. 524.323
NE M'ECRIS PAS
La "MOME PIAF"
accompagnée par l'orchestre Emil STERN
A B.I.E.M. 524.300
La Môme PIAF
B B.I.E.M. 524.393

1938

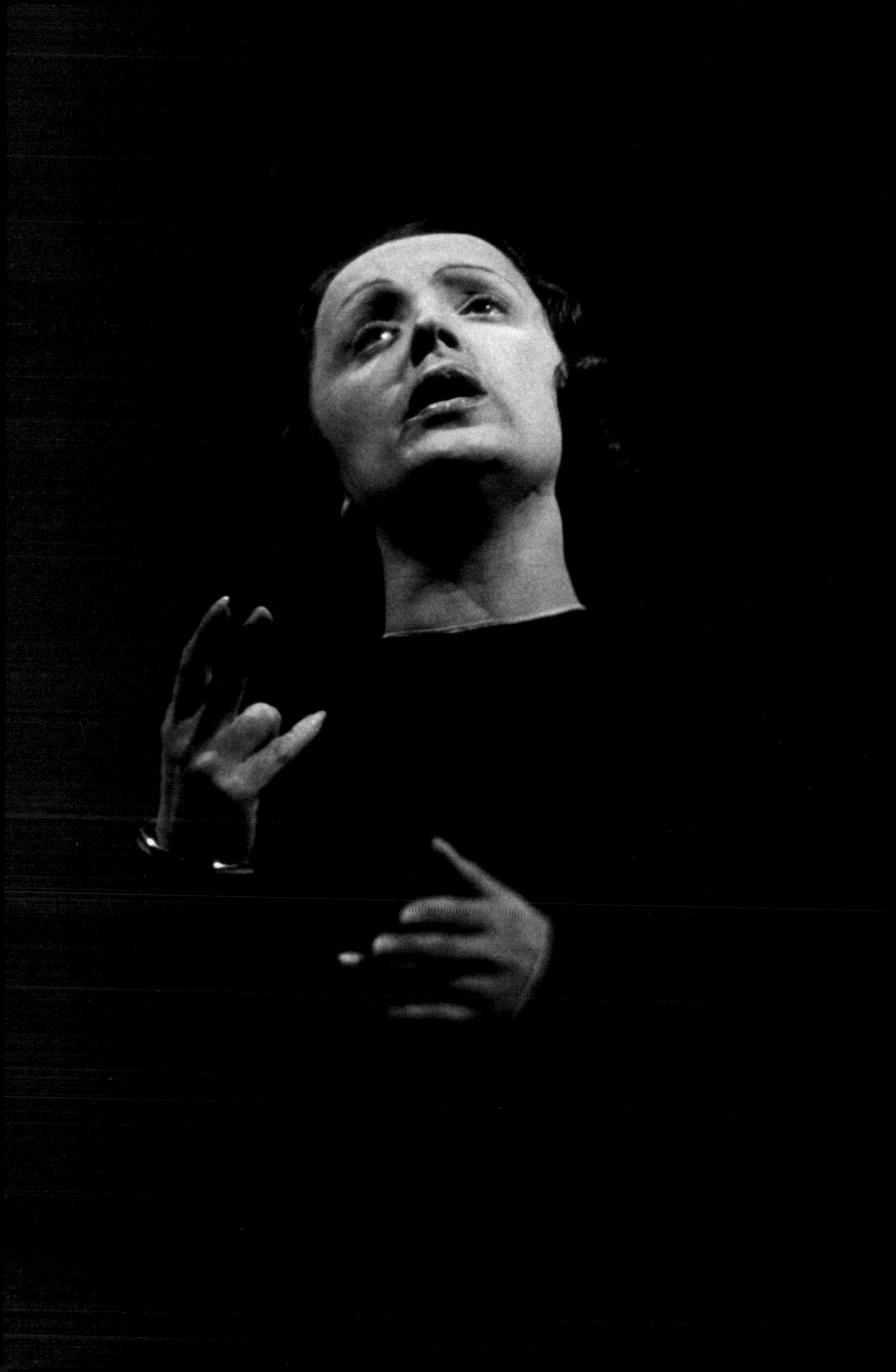

1939-1940

Le fantôme de Marseille, peça de Jean Cocteau. Piaf e Jean Marconi em sua única representação em 10 de junho de 1940, no Capitole de Marselha.

No alto: de 4 a 17 de outubro de 1940, Édith se apresenta no ABC com Paul Meurisse: *Elle fréquentait la rue Pigalle*, orquestra de José Rancon. Embaixo: Édith com Jean Villard, autor de "Contrebandier" e "Les trois cloches".

1939-1940

Polydor

560.046
Chanson

B.I.E.M.
Made in France

C'ÉTAIT UN JOUR DE FÊTE
(M. Monnot — Ed. Piaf)

Edith PIAF
avec accompagnement d'orchestre

5.425 - SPP

POLYDOR

B.I.E.M.
Made in FRANCE

524 669
CHANSON

L'ACCORDÉONISTE
(Michel Emer)

Édith PIAF
avec accompagnement d'orchestre

5.389 - 1/2 SPP

5 de abril de 1940.
"L'accordéoniste", primeira
canção de Michel Emer para Édith.
A primeira versão se chamava
"La fille de joie est triste".

1940

19 de abril. Ensaio geral de *Bel indifférent*, de Jean Cocteau, no teatro Bouffes-Parisiens.

"*Le bel indifférent*: um magnífico gigolô prestes a não ser mais."
Jean Cocteau

Paul Meurisse

"Eu fui o desespero de Piaf. Fui feito para ser ator. Diga-se de passagem, ela me disse isso." O Meurisse de 27 anos tenta a carreira de ator cômico nos palcos parisienses. Seu pai era diretor de banco, e ele teve uma infância burguesa e rompe o esquema familiar de carreiras predestinadas. A atração pela arte? Ele se apresenta no Amiral, ela canta no Night Club, perto de lá. Ela se encanta com seu charme e sua classe. Não há dúvida: um aristocrata que beija sua mão, faz balançar o coração de uma garota romântica. Os opostos se atraem. Ele, discreto, irônico, um taciturno ligeiramente altivo. Ela, a debochada das ruas, passional, terrivelmente viva. Ele foge das brigas, ela as provoca: louça quebrada, linguagem maravilhosamente requintada e crises de riso. Ator fleumático de classe, ele se torna um ícone da paisagem cinematográfica francesa, caro a Georges Lautner e Henri Georges Clouzot.

1940

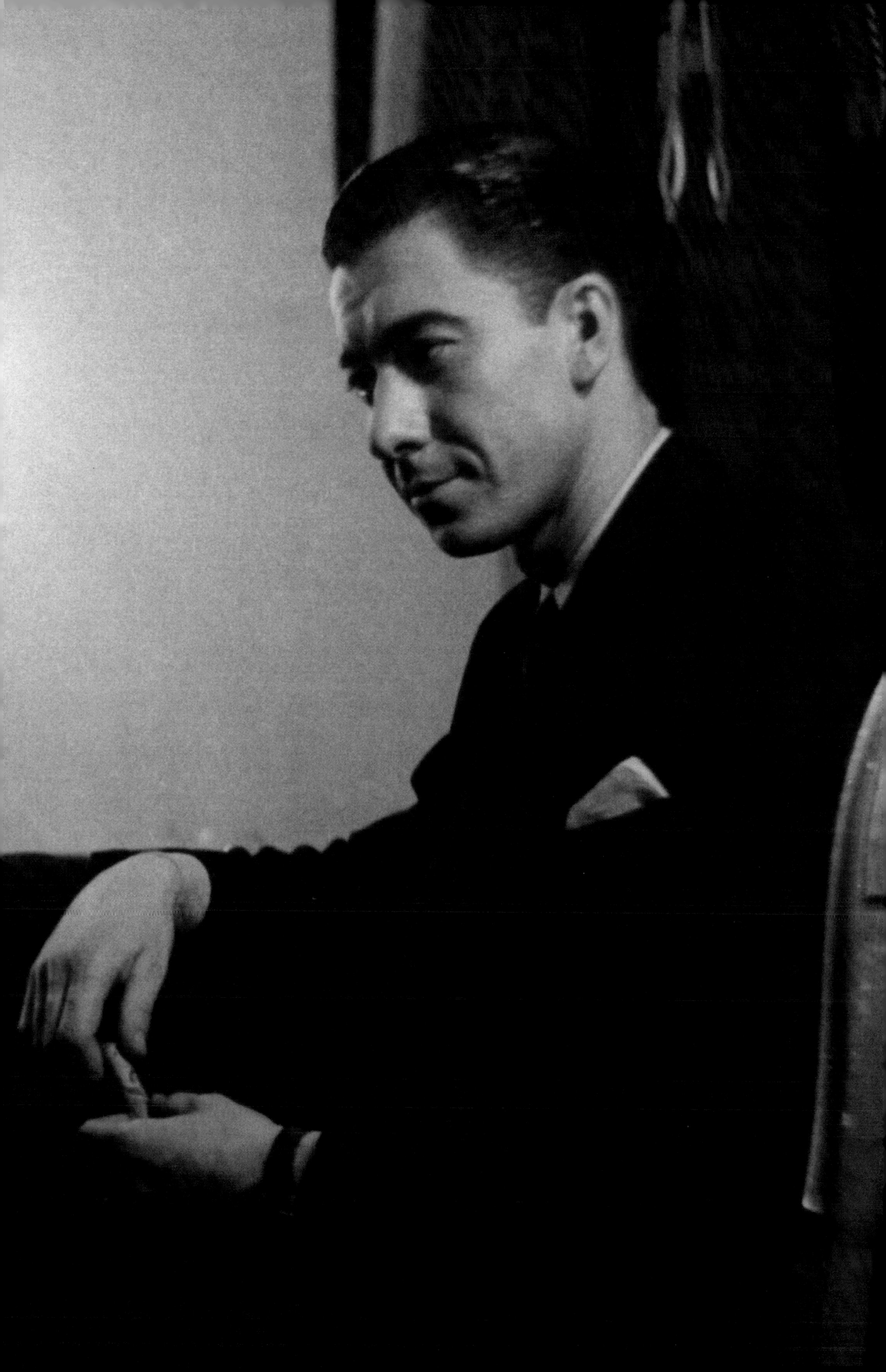

Sinclair

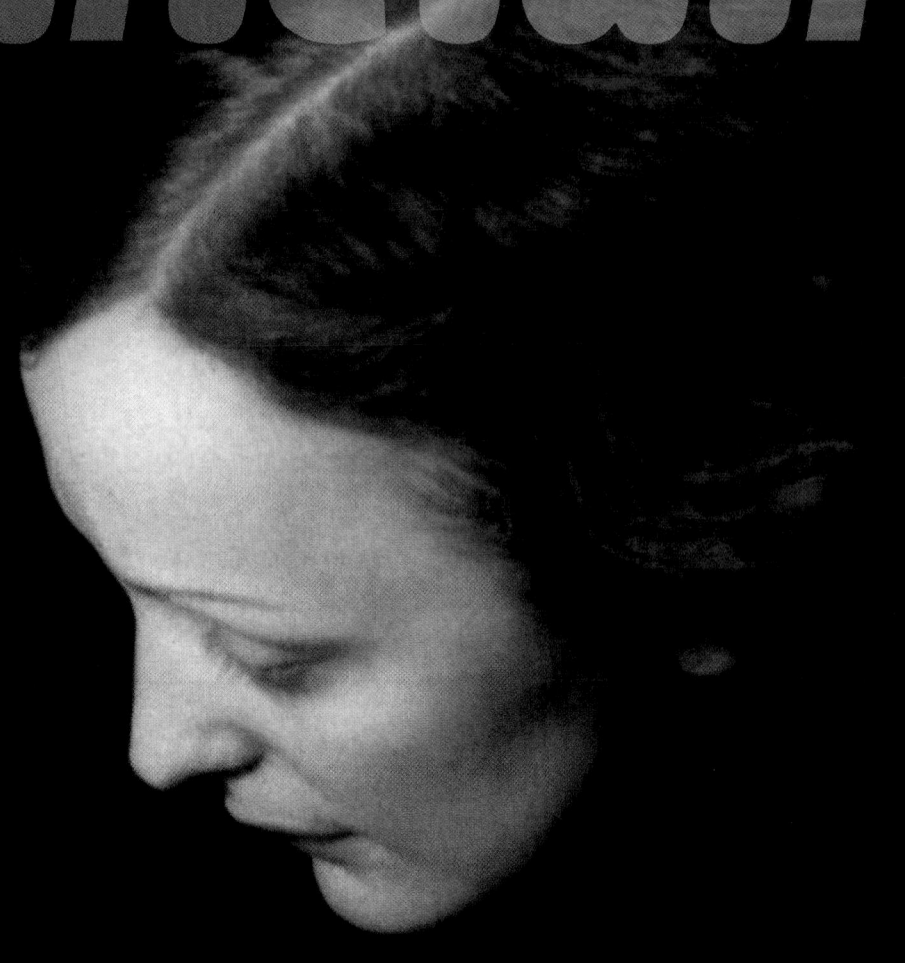

Ele rasga as fotos indignas da grande dama sem complacência ou hesitação. Sem remorso nem arrependimento. Piaf merece mais do que uma pilha de imagens medíocres e enganosas. O olhar aguerrido de Charles Sinclair não se engana, ainda mais que ele fotografou Édith de todos os lados, de costas, de frente, de perfil, na vida real e no palco, em todas as circunstâncias. Em resumo, sua câmera seguiu a estrela, então ascendente, como uma sombra, com sua auréola de luz nos palcos parisienses, pensativa nas plataformas de trem em Marselha.

O fotógrafo aprende o ofício e revela seus primeiros filmes a serviço do prestigioso Estúdio Harcourt. Elegância, distinção, humildade, exatidão... No Estúdio Harcourt, a fotografia é concebida como uma obra cinematográfica. A "grife Harcourt" é a arte de transformar seres de carne e osso em ícones, intocáveis, imortais, fora do tempo. Atores, pintores, cantores, de Cocteau a Dalí, de Gabin a Bardot, nenhum rosto escapa. Uma concepção, uma filosofia do ofício que Sinclair seguiria ao longo de toda a sua carreira. Para os fãs de Piaf, as obras do fotógrafo são inestimáveis; entretanto, ele sempre se recusou a vendê-las, mesmo por somas mirabolantes. Seus arquivos são o Eldorado, o Shangri-lá, o Éden do colecionador. Uma herança que Sinclair legou às mãos de um fã da verdadeira Piaf, seu amigo Jean-Paul Mazillier.

O jornalista tem a obrigação de ser objetivo, já o escritor pode se permitir fantasiar e entrar na pele – *par le bas, par le haut*[1] – ou mesmo na cabeça do artista.

....
1. "Por baixo, por cima", da canção "L'accordéoniste", de Michel Emer. (N.T.)

Uma pequena piscadela de um homem das letras que escreve em memória de um homem das imagens...

Charles Sinclair: "Então, essa pequenina mulher enérgica é Édith Piaf. Se a artista canta o drama, a mulher me parece mais uma 'brincalhona'. Primeiros testes. Nada mal... O rosto captura bem a luz, até um pouco demais na testa! Comecemos pelo clássico, um três quartos básico. Bem, a pele é lisa, clara, vou tentar um close. Enquadro um pouco mais de perto... Perfeito! Agora me revele seus segredos, Madame Piaf... Não, não faça pose de maneira nenhuma! Espontaneidade, é isso que eu quero. Espere até que as emoções cheguem. Eu me concentro no olhar. Que força! A Môme tem um enorme carisma. Vamos tentar uma leve tristeza, um pouquinho de melancolia. Epa! Luz demais, realmente demais, um pouco de sombra à esquerda... Nada mal, um ar de nostalgia, uma graça emocionante... Vamos tentar outra coisa. Adeus, 'Maria chorona'. Um pouco de alegria, uma luz de um dia de verão. Um esboço de um sorriso, não, discreto demais, convencional demais. Uma gargalhada. É isso aí! É o que eu queria, acho que consegui alguma verdade, o sorriso brilhante, o rosto levemente virado para o céu e que se ilumina mais, mais e mais; uma promessa, uma oração alegre... Último ajuste, prendo a respiração... Agora! Clic!".

Sinclair

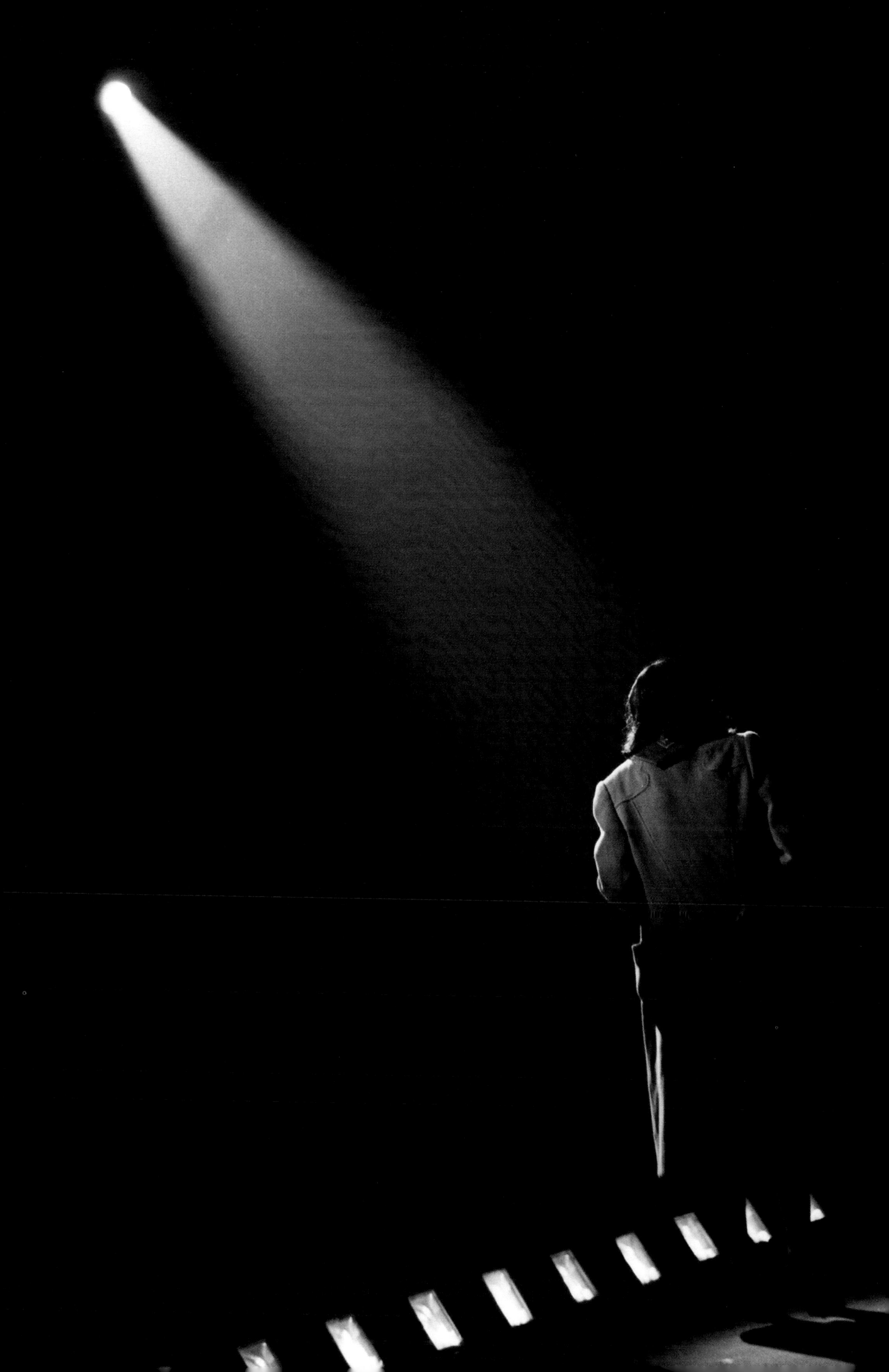

Ela frequentava a rua Pigalle.
Ela vendia o vício bem barato.
Ela estava completamente
maculada de pecados,
O pobre rosto de todo pálido...[1]

Montagem original, 1940.

- - - - - - -
1. "Elle fréquentait la rue Pigalle./ Elle vendait l'vice à bon marché./ Elle était toute noire de péchés,/ Avec un pauvre visage tout pâle..." (N.T.)

SINCLAIR

Sinclair

Preparação no estúdio Sinclair na rua Filles-du-Calvaire, número 19, em Paris. Aqui, os testes de iluminação. Nas três páginas seguintes, a mesma tomada depois de Édith penteada e maquiada: seu rosto captura magnificamente a iluminação do fotógrafo.

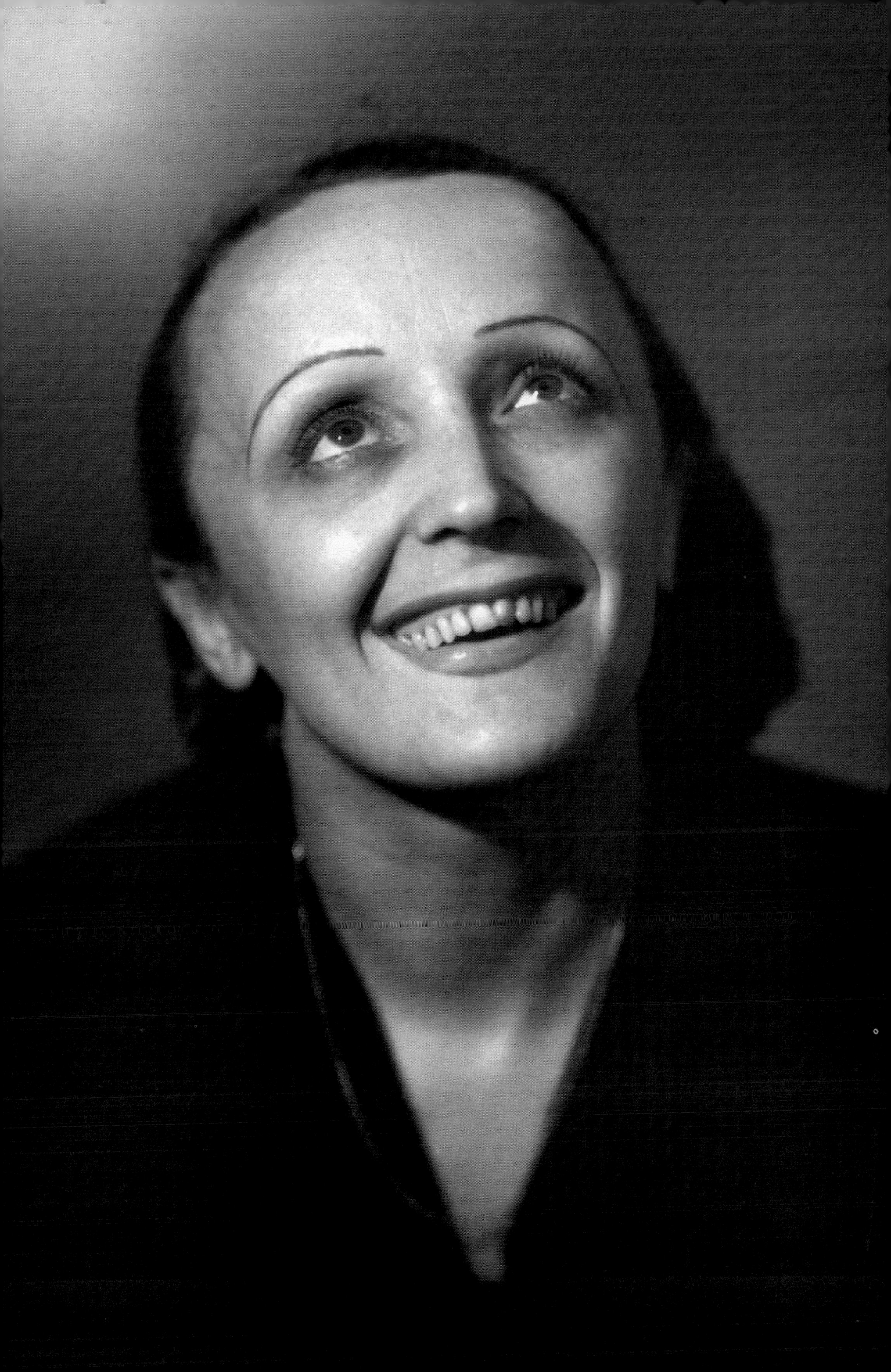

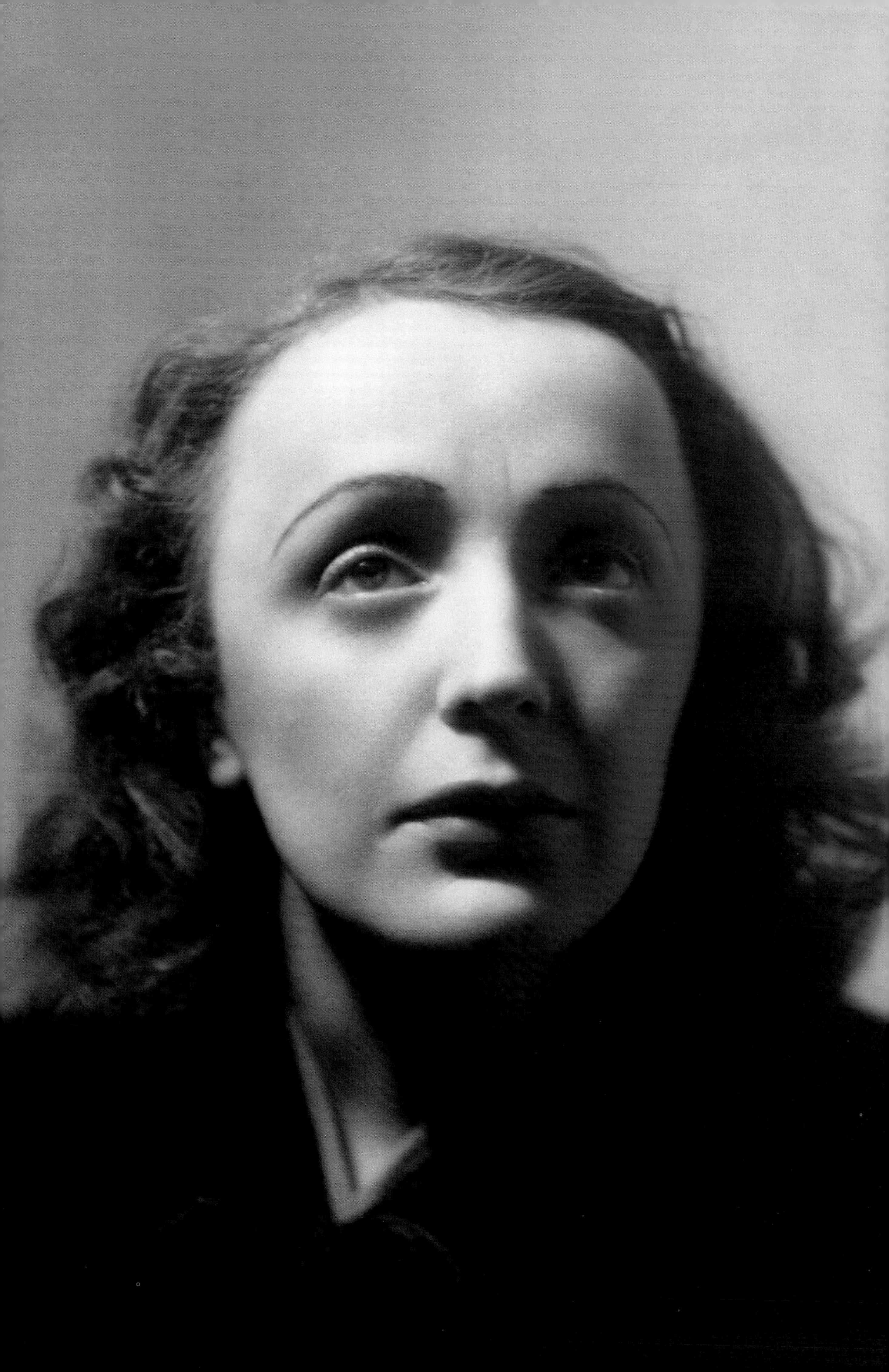

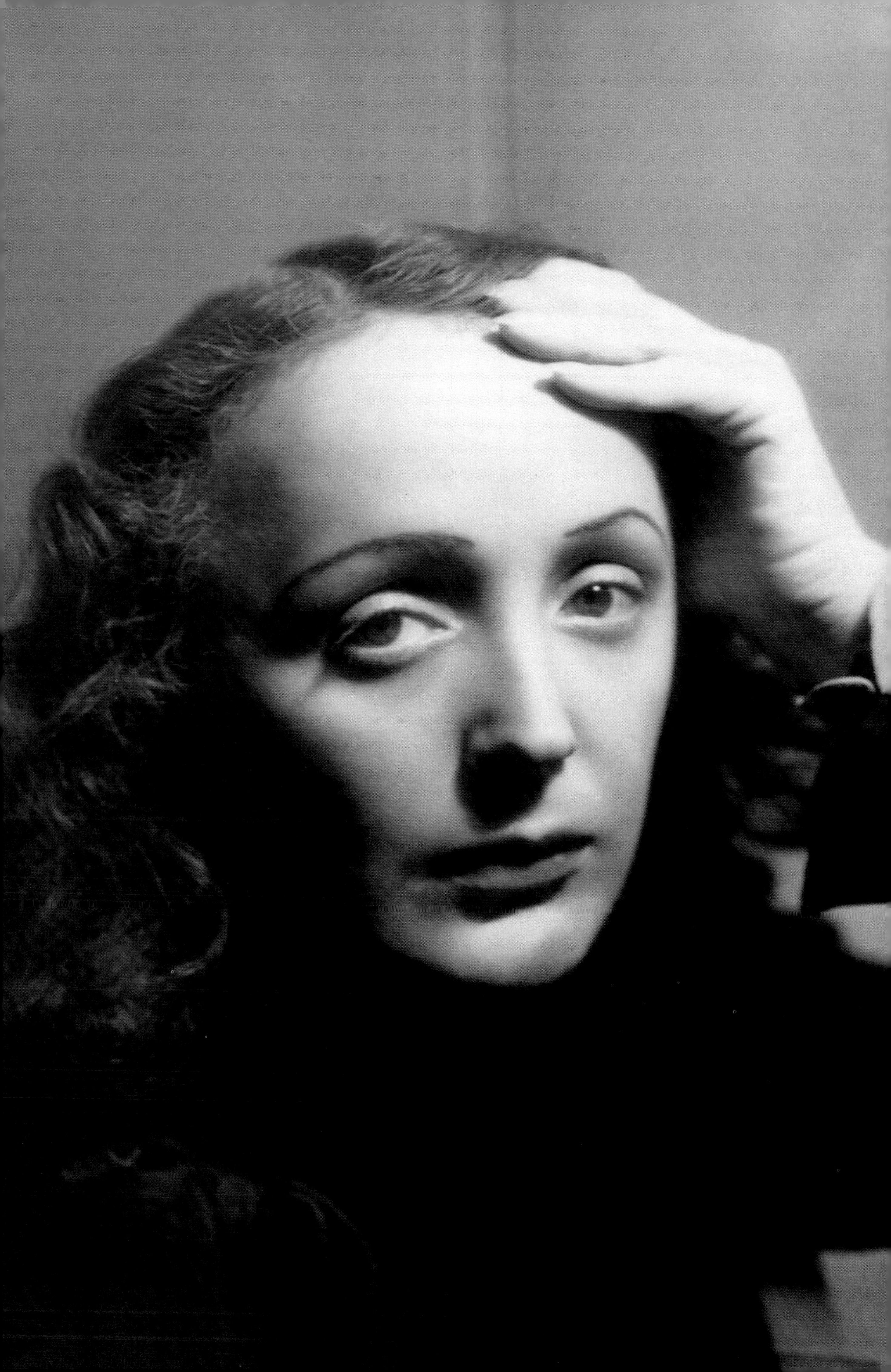

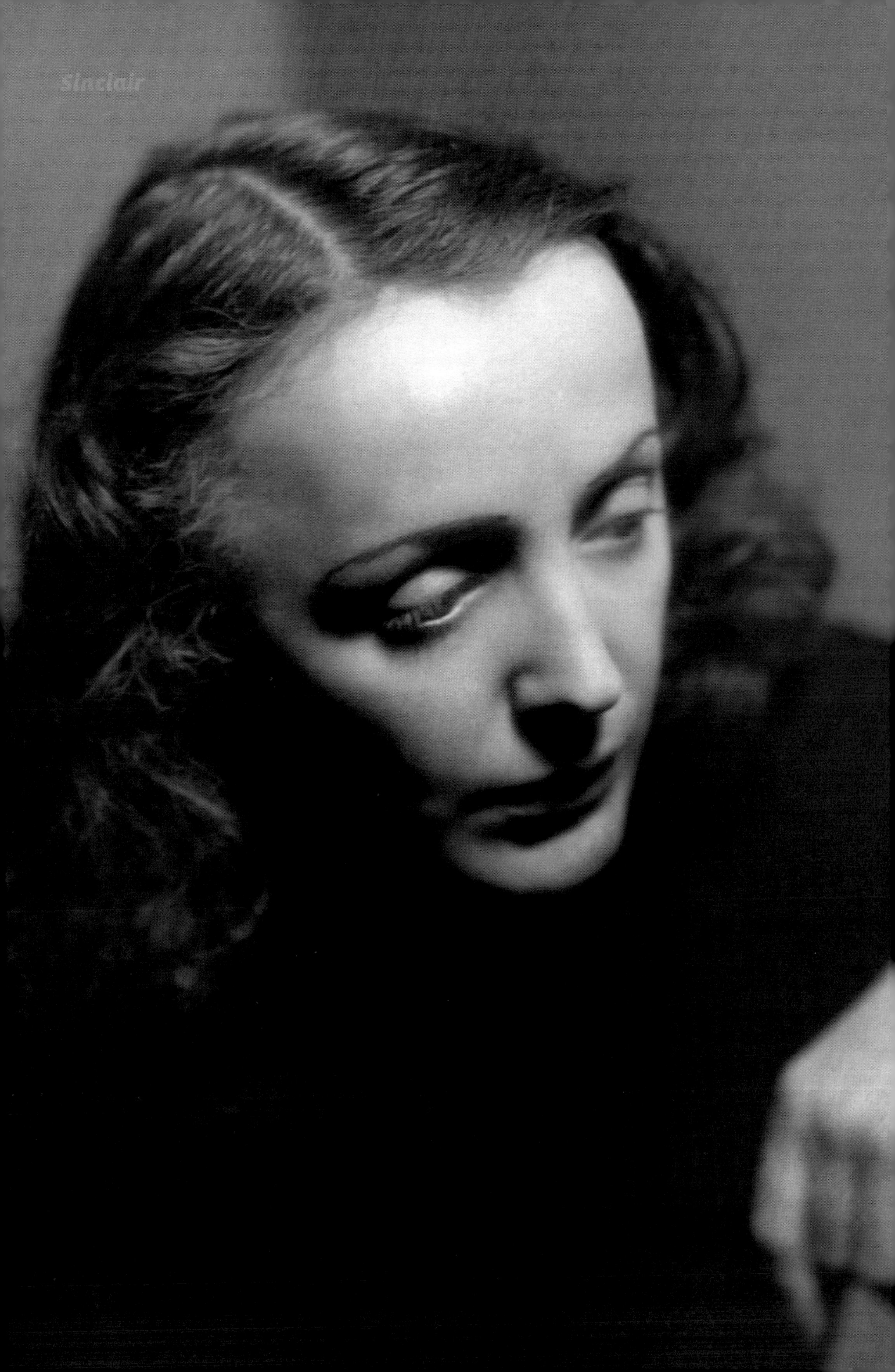
Sinclair

1941

No alto: Édith Piaf e Jean-Louis Barrault. Embaixo: em *Montmartre-sur-Seine*, de Georges Lacombe, Édith canta "J'ai dansé avec l'amour": "L'amour avait dans ses yeux tant d'amour, tant d'amour..." (O amor tinha em seus olhos tanto amor, tanto amor...). A letra é de Piaf e a música, de Monnot.

Tout ce qu'elle faisait, ou chantait atteignait le cœur.
JLBarrault

* Tudo o que ela fazia, ou cantava, chegava ao coração. (J. L. Barrault)

1942-1943

18 de agosto de 1943, Édith com prisioneiros franceses em um *stalag* em Berlim.

No cabaré de Maurice Carrère, no Champs-Élysées, em 15 de dezembro de 1942. Yvon Jean-Claude, à direita, foi durante algum tempo rival de Henri Contet no coração de Édith: "Foi uma história de amor…".

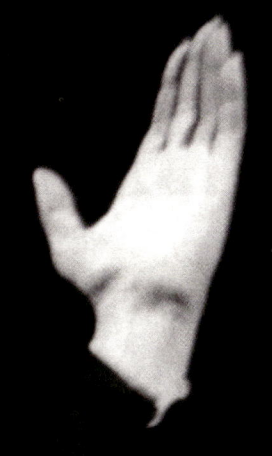

"Monsieur Saint Pierre", em 1943, no ABC: "Olhem bem para mim, eu sou tão pobre, vejam minhas mãos, mãos de pobre".

"Ela é, como Carné declarou, terrivelmente pungente. Ela fica ali, diante de São Pedro, rezando, entregando-se corpo e alma... Nunca se viu isso antes. Eu tinha a impressão de que toda a plateia também tinha começado a rezar, a acreditar."

EDITH PIAF

1944

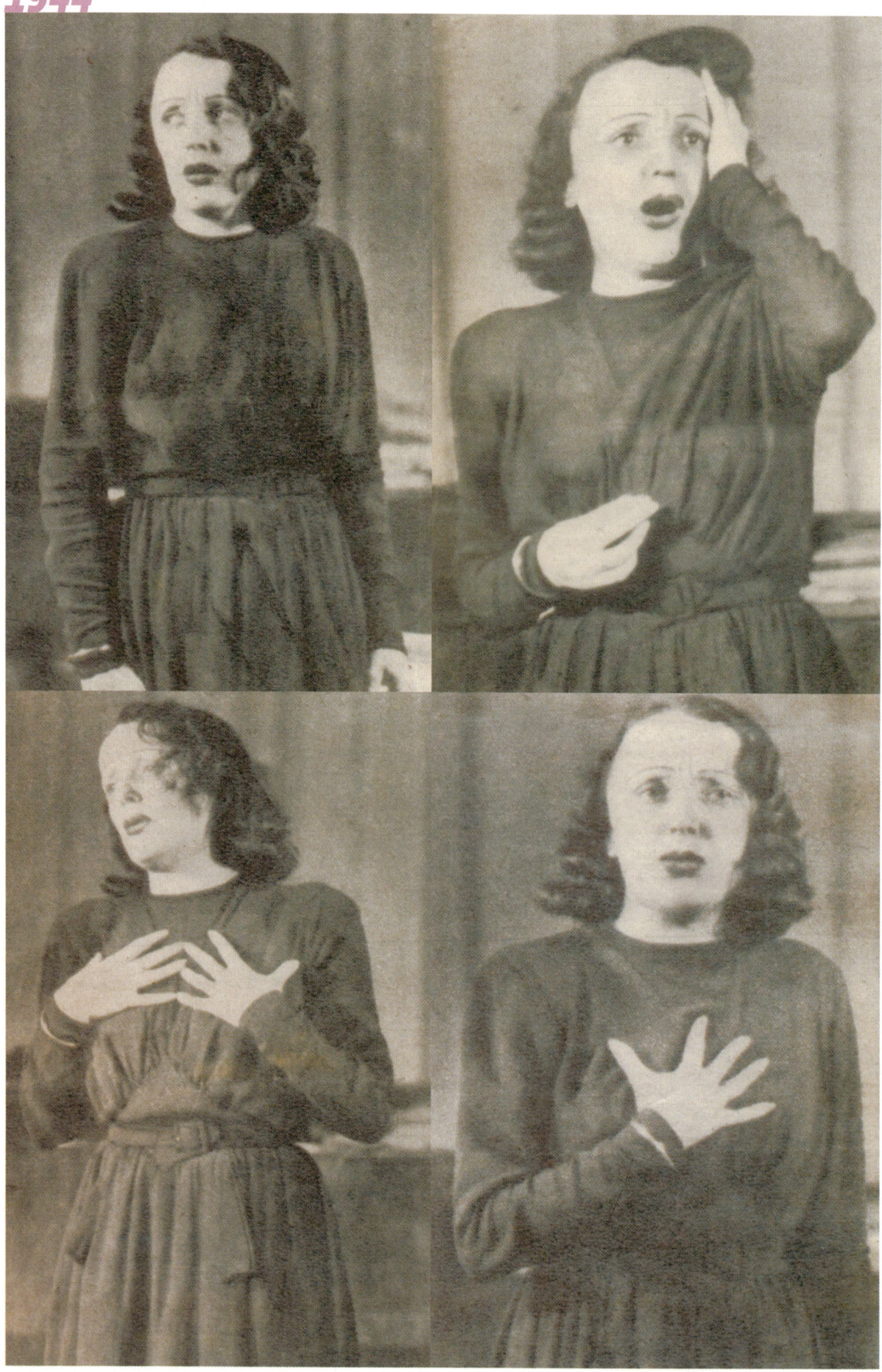

1945-1946

Página da esquerda: em Bruxelas, no Palais des Arts, em 9 de março de 1944. Página da direita, no Européen, ela canta "l'histoire de Jésus". Toda a plateia, religiosa de repente, contra a própria vontade, se sentia inesperadamente cristã...

"Quando escuto uma canção pela primeira vez, ou a sinto na pele, ou não sinto absolutamente nada."

1947

17 de março de 1948. Com Marcel Achard, Marcel Blistène e Marcel Cerdan. Atrás, à direita, o editor Raoul Breton.

"O que você faz, Édith, é melhor do que eu faço. Você transmite felicidade e amor."
Marcel Cerdan

1948

Página da esquerda: 17 de março de 1948, chegada no aeroporto de Orly. Página da direita: 1. Com Félix Levitan. 2. No Club des Cinq, onde Édith se encontrou com Marcel pela primeira vez. 3. Com Simone Berteaut, na noite do campeonato mundial, em 26 de setembro de 1948. 4. No Versailles, em 24 de setembro de 1948; à direita, no fundo, Robert Chauvigny.

"Acho que se deve pagar com lágrimas a verdadeira felicidade."

1948

Página da esquerda: 2. 4. 6. De 14 de janeiro a 10 de março de 1948, Piaf canta no Versailles, em Nova York, e descansa durante o intervalo em seu camarim. 1. Com Lena Horne. 3. O campeão Joe Louis e sua esposa assistem, com Marcel Cerdan, ao espetáculo no Ambassadeurs, em 29 de março de 1948. 5. Com Odette Laure na Croisette, a avenida beira-mar mais famosa de Cannes.

1948

Página da esquerda, no alto: Édith durante as gravações de *9 garçons, un coeur*, filme de Georges Freedland que estreou em Paris, em 24 de março de 1948, nas salas Élysées-Cinéma e Gaîté-Clichy. Aqui, com Lucien Baroux, Édith canta "C'est pour ça". Primeira gravação de Marc Bonel e dos Compagnons de la Chanson com Piaf. Embaixo: com Jean-Louis Jaubert, o "chefe" dos Compagnons: "C'est pour ça qu'on entend les accordéons/ C'est pour ça que la rue éclate en chansons." (É por isso que se escuta os acordeões/ É por isso que a rua explode em canções. *C'est pour ça*, de Henri Contet e Marguerite Monnot, 1947)

1949

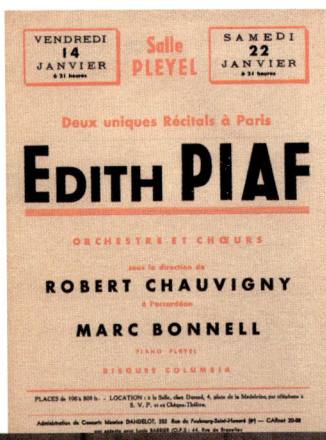

Com Bourvil e Marc Bonel no Versailles, em Nova York, em 22 de setembro de 1948.

De 7 a 9 de junho de 1948, no Palais des Arts, em Bruxelas. Com os Compagnons, Édith interpreta "Les trois cloches". Ao lado: estreia televisiva nos Estados Unidos, antes de sua primeira apresentação no Playhouse Theatre em Nova York, em 17 de outubro de 1947.

1950

da idade de ouro à exaustão

1950. Recital na sala Pleyel, em Paris, e turnê estival! Enfim, a rotina! Piaf prepara sua quarta expedição americana. O destino é o Versailles. Na bagagem, Eddie Constantine, o novo eleito, e Charles Aznavour (Ela o conheceu quando ele fazia dupla com Roche, o jovem cantor tinha o dom de fazer rir. E como dizia Piaf: quem é alegre, é aceito! Tanto em casa como nas turnês, o jovem faz pequenos serviços. Acontecem então uma longa amizade e algumas canções...). Édith consolida a fama nos Estados Unidos e se dá ao luxo e a honra de se encontrar com o general e futuro presidente Eisenhower. Mas Paris reclama sua presença em coro. Janeiro de 1951. Édith mal sai do avião e Marcel Achard a espera impaciente com um projeto nas mãos: *La P'tite Lili*. Ele lhe dá os textos, o papel principal. Tudo embalado, é claro, pelas melodias de Monnot. Programada no ABC, a peça faz um grande sucesso. Os jornais incentivam a multidão: "Vocês devem assistir e aplaudir rapidamente essa peça.". Édith prossegue a maratona de verão. Aznavour e Micheline Dax abrem o espetáculo, e ela carrega nessa aventura um certo Roland Avelys, recém-descoberto. O cantor, completamente desconhecido, foi levado do anonimato das ruas de Paris aos corredores da Radio-Cité; ele já tinha cruzado com a Môme várias vezes. Como Constantine tinha ido embora, ele assumiu o papel de divertir uma Édith abandonada. Ele adorava festas (até mais do que devia), gostava de beber e de se embriagar, e não pedia mais nada a Deus. No que diz respeito às canções, Henri Contet propõe a Édith "Padam, padam". Já Jacques Pills e Gilbert Bécaud buscam uma intérprete para "Toi, je t'ai dans la peau". A canção a agrada, assim como o belo Jacques.

> Você é tudo para mim, você é minha droga
> E eu te amo, morro de amor por você.[1]

Nova York, setembro de 1952. Duas mulheres percorrem, freneticamente, as lojas de luxo e os ateliês dos grandes costureiros. Entre Piaf e Dietrich, a incomparável Marlene Dietrich, a conversa sobre roupas, rendas, joias e acessórios é coisa séria. Elas encontram o que procuram na Sack's. E chegam a uma decisão: Édith usará um vestido azul-claro na ocasião... Seria o acontecimento do ano? A senhorita Gassion vai se casar. Quem é o sortudo? Victor Ducos, aliás, Jacques Pills, é lógico. Louis Barrier, os Bonel, Aznavour, os Compagnons de la Chanson, entre outros, participam da festa. Na mesma noite da bênção nupcial, o casal se junta no palco do Versailles para cantar um dueto. Sem descanso, sem trégua, a vida do casal começa a todo o vapor. Uma turnê com o Super-Circus Tour[2]: setenta cidades no programa, uma verdadeira maratona. Um ritmo alucinado, desgastante, extenuante... Estados Unidos, Canadá, Bélgica; e tudo começa de novo! Eles se encontram no palco para reinterpretar *Le bel indifférent*. Vão dividir o cartaz em *Boum sur Paris*. Cinema, rádio, programas de televisão, entre os quais *La joie de vivre*[3], de Henri Spade. A roda-viva continua. Mas o equilíbrio do casal, e o de Édith em particular, permanece bem frágil. Doenças, dores crônicas e crises agudas de reumatismo, excesso de álcool e de remédios para se esquecer da dor, programas de desintoxicação. Dividir a vida com a grande Piaf não é nada fácil. Ainda mais que certos aproveitadores de influência nefasta e fornecedores de substâncias ilegais aparecem de vez em quando. A proximidade do jovem e talentoso Jean Dréjac não melhora a situação do casal. Jacques não é bobo. Eles se separam em 1956.

Janeiro de 1956. Édith está com quarenta anos e aceita um desafio importante: conquistar o Carnegie Hall, o templo do *music hall* norte-americano. Para o evento, ela prepara um recital com 22 canções, das

---

1. "Tu es tout pour moi, je suis intoxiquée/ Et je t'aime, je t'aime à en crever." *Je t'ai dans la peau*, 1952. (N.T.)

2. Espetáculo montado pelo renomado palhaço Achille Zavatta. (N.T.)
3. Um dos primeiros programas de variedades populares da televisão francesa. (N.T.)

1963

quais a inédita "L'homme à la moto". Sucesso total! Nova York inteira se inclina diante de Piaf. De Hollywood a Miami, de Dallas a Washington, ninguém resiste. "La vie en rose" é declamada em espanhol no México e sussurrada em português no Rio. Ela volta bronzeada e radiante para a França em 1956. Quatorze meses de ausência. Um *Télé-Paris*, um *Joie de vivre* como aquecimento. A partir de então, a intérprete aparece com frequência na televisão e se permite, também, a algumas escapulidas cinematográficas: *Si Versailles m'était conté*, de Sacha Guitry, *French Cancan*, de Renoir. Mas o grande encontro é com o público, que precisa ser reconquistado a cada retorno. Novas vedetes, novas canções... Em 1956 e em 1958, Édith prepara o programa para o Olympia morrendo de medo. Longe dos olhos, certamente, mas não longe do coração dos franceses, e, a cada vez, o sucesso é triunfal. Cem apresentações, durante as quais o *France-Soir* coloca como manchete: "Piaf assina contrato eterno!". Piaf se divide, então, entre continentes e culturas. De sua escapulida argentina em 1957, ela traz uma valsa peruana de Angel Cabral. Ela procura uma letra digna do nome. Michel Rivgauche aceita o desafio e "La foule" dança e leva para longe... No que diz respeito ao coração, a bela se rende, depois de vários romances, ao charme do belo pastor grego Georges Moustaki. O jovem autor-compositor, mais prolixo em canções que em amores, oferece "Milord". A cantora está fora de forma. Mal-estar no Olympia, na Suécia. Em setembro de 1958, o carro de Georges bate em um caminhão. Ela escapa com um corte e um braço engessado. Quarto acidente rodoviário, e sempre as mesmas consequências: *overdose* de remédios e desgaste de uma saúde já frágil. No auge de sua glória, a artista continua a todo vapor, uma vida a trezentos quilômetros por hora. Ela odeia economizar, seja o que for. Uma necessidade vital de cantar, de aproveitar. *Carpe diem*! Mas o corpo a lembra de suas fraquezas, de seus excessos. Ela insiste, custe o que custar, doa a quem doer, a base de morfina e estimulantes. Túnis, Argel, Orã. O Waldorf Astoria... É demais! Fevereiro de 1959. Ela é internada no Presbyterian Hospital, começo de uma longa série de cirurgias e internações. Ela se levanta, recusa os cancelamentos. Os jornais falam de uma "turnê suicida". Em dezembro de 1959, ela desaba em Dreux. É o fim? Ainda não... Uma canção a emociona e Piaf renasce das cinzas. Em outubro de 1960, o letrista Michel Vaucaire e o compositor Charles Dumont batem a sua porta. Piaf está deprimida. As primeiras notas ecoam. "Non, rien de rien! Non, je ne regrette rien." (Não, realmente nada! Não, não lamento nada). Um *flash*, um despertar, uma ressurreição: "Loulou [apelido de Louis Barrier, empresário e amigo de longa data], liga para o Coquatrix [diretor da sala de espetáculos]! Eu quero o Olympia!". E ela veste o vestido preto para mais uma série de apresentações. Enquanto cantar, enquanto amar, ela estará viva. No bulevar Lannes, ela se cerca de jovens, de risos e de alguns aproveitadores. Ela se dá ao luxo de um último romance e se casa com o jovem Théo Sarapo. O casal surpreende, assombra e é capa das manchetes da imprensa sensacionalista. O último dueto e o último amor. A história chega ao fim. Lendas, risos e tormentos. Uma vida repleta, "feliz, apesar de tudo". Até a exaustão total, fatal. O corpo da Piaf nos deixou no dia 10 de dezembro de 1963, mas sua voz permanece e permanecerá para sempre.

> Não é apenas a minha voz que canta,
> É a outra voz, uma multidão de vozes,
> Vozes de hoje ou de outrora,
> Vozes engraçadas, ensolaradas,
> Desesperadas, encantadas...[4]
> "Cri du cœur")

---

4. "C'est pas seulement ma voix qui chante,/ C'est l'autre voix, une foule de voix,/ Voix d'aujourd'hui ou d'autrefois,/ Des voix marrantes, ensoleillées,/ Désespérées, émerveillées...". *Crie du cœur*, de Jacques Prévert e Crolla Henri, 1960. (N.T.)

1950

"Quando Alain Resnais procurou Marguerite Duras para lhe pedir que escrevesse o roteiro de *Hiroshima, mon amour*, ele lhe disse: 'Eu gostaria que o filme se parecesse com uma canção de Piaf'."
Monique Lange, em *Histoire de Piaf*

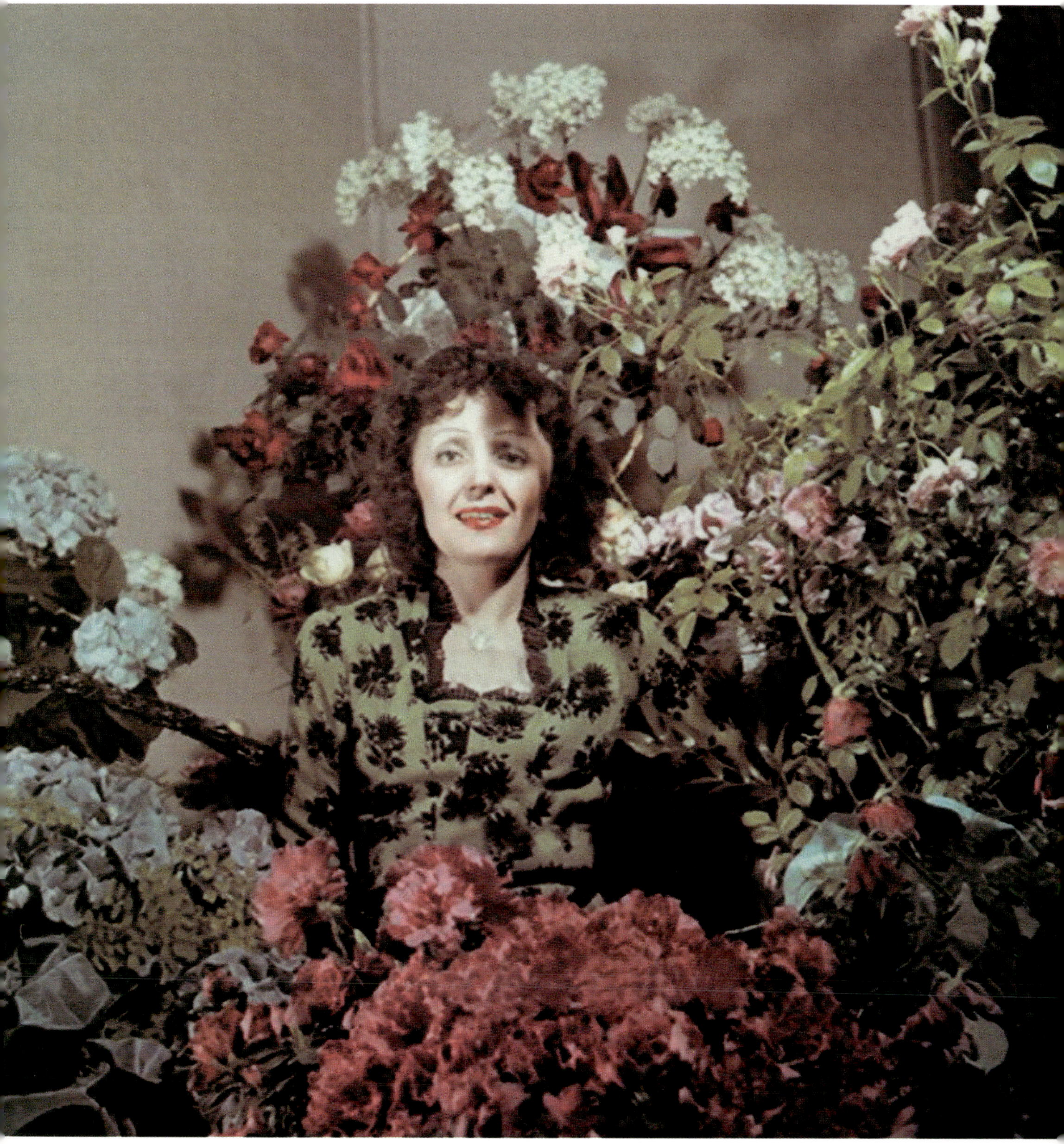

1950-1951

Chegada a Marselha e ensaios no Variétés. Danielle Bonel se torna secretária de Édith em 20 de março de 1950. Embaixo, à esquerda: 23 de março de 1950, Piaf chega à casa do padre Franck, em Cassis Embaixo, à direita: 18 de julho de 1950, na Arena de Nîmes.

Estreia da opereta *La P'tite Lili*, de Marcel Achard, no ABC. Jacqueline Auriol, a primeira aviadora da França, parabeniza Édith em 10 de março de 1951. Embaixo: concerto privado no Queen Mary, em 1951.

1951

Ao lado: visita de Gérard Philipe, Jeanne Moreau, Yves Montand e Georges Brassens no Palais de Chaillot, em 3 de junho de 1951.

Passo de dança de Marguerite Monnot e Eddie Constantine e de Édith Piaf e Marcel Achard para festejar o sucesso de *La P'tite Lili*. Embaixo: 10 de outubro de 1951, Édith assiste ao casamento de Marc e Danielle Bonel em Paris, na prefeitura do 7º distrito.

Partida para Marselha no boulevard Péreire, número 72, em 11 de fevereiro de 1952. Ao lado, à esquerda: cartaz do espetáculo de gala no cassino de La Baule, em 14 de julho de 1951; à direita: cartaz de Columbia, 1951.

Ao lado: em 2 de julho de 1952, Édith se apresenta no Théâtre aux Étoiles de Monte Carlo com Ethel Smith.

1951

97

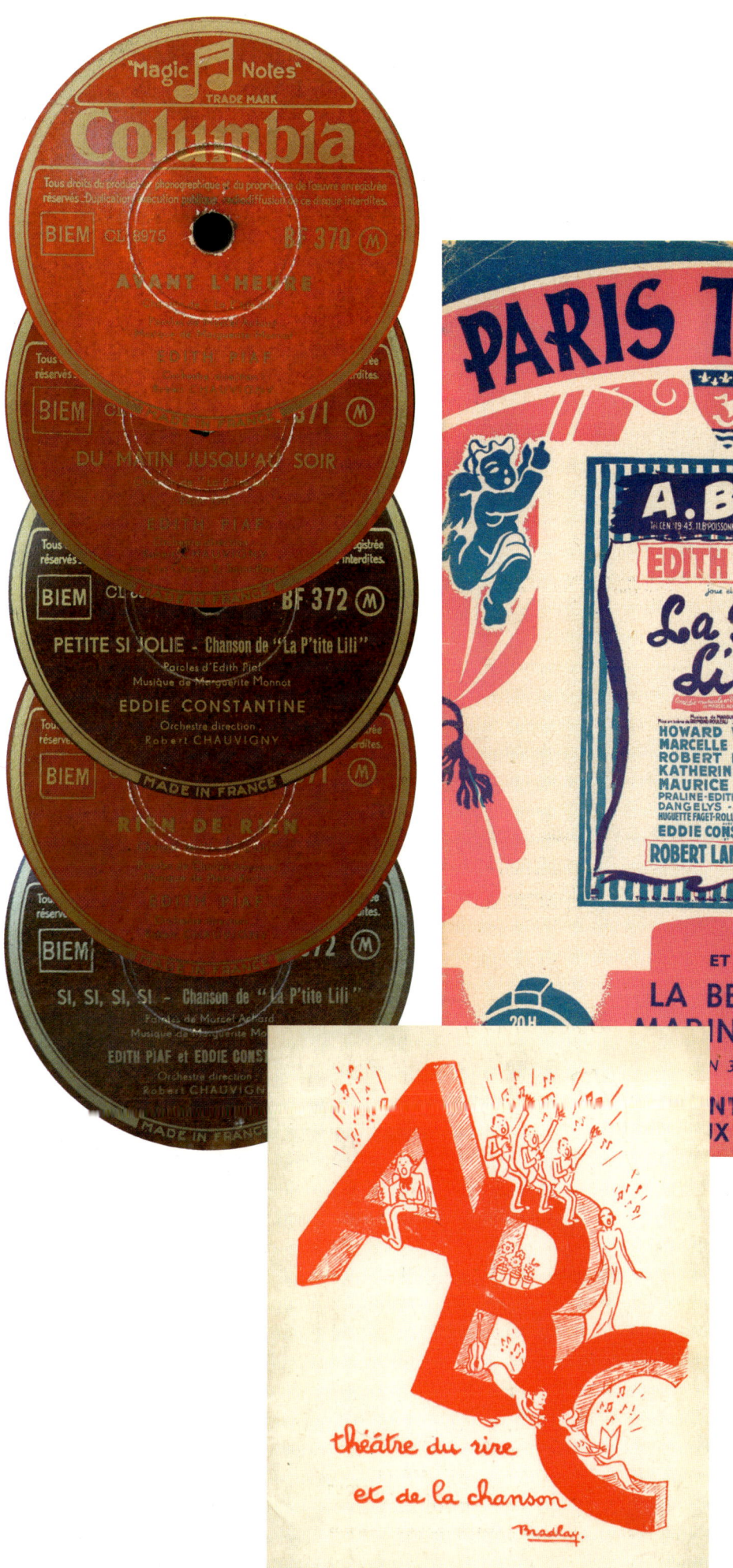

os homens de sua vida

> "Ela precisava de amor! Ela só cantava bem quando se sentia exaltada ou destroçada."
> — Yves Montand

Édith e os homens? Muita tinta escorreu, muitas manchetes nos jornais! Sua vida sentimental foi dissecada, romanceada, dramatizada, vendida e, muitas vezes, com a aprovação dela... Uma novela quase cotidiana. Ela mesma dizia que pertencia ao público. Assim como seus amores. Meurisse, Montand, Cerdan, Constantine, Pills, Moustaki, Sarapo... A valsa dos amantes alimentou por muito tempo o mito de uma devoradora de homens. Mas o amor a Piaf se deve a uma alquimia bem mais sutil. Qual é a receita para "ganhar" o coração da bela? No final, podemos listar três ingredientes imprescindíveis.

Em primeiro lugar, o talento... senão nada feito. Dos maiores letristas aos atletas de alto nível, a artista admira para poder amar. Mesmo quando o dom está escondido, a *pygmalion* o fareja, o encontra, o extrai e o revela ao mundo.

Em segundo lugar, a paixão, em proporções mais do que generosas. Quando se apaixonava, Édith podia adotar o modo de vida e os interesses do eleito, se desejasse, mas a Môme das ruas tinha um gênio difícil. E que temperamento! Ela provoca, diz palavrões e vai, sem nenhuma transição, das diabólicas brigas de casal às gargalhadas de um anjo.

Por fim, salpiquemos, delicadamente, tudo isso com uma pitada de humor indispensável. Quando se escolhe uma companheira tão maliciosa, especialista em piadas e brincadeiras de todo tipo, é preciso, antes de tudo, fazê-la rir e sentir prazer nisso. Só assim Édith é fisgada, se emociona, pega fogo e se consome. Afinal de contas, "é para isso que serve o amor":

> O amor serve para quê?
> Para dar alegria
> Com lágrimas nos olhos...
> È triste e maravilhoso![1]
> ("À quoi ça sert l'amour")

Depois ela se cansa, se decepciona e abandona... Pois, mais do que um senhor Piaf, Édith procura a essência do amor. Uma exigência difícil de seus companheiros satisfazerem. Mas ela insiste e continua a explorar as relações humanas. Ela canta os sofrimentos e as mágoas do coração com um realismo pungente. Mas, acima de tudo, ela celebra o Amor com "A" maiúsculo, com todas as suas entranhas, e "le ciel peut bien s'effondrer" (o céu pode até desmoronar)...

> Pouco me importa o mundo inteiro
> Enquanto o amor inundar minhas manhãs,
> Enquanto meu corpo estremecer em suas mãos.
> Pouco me importam os problemas,
> Meu amor, já que você me ama[2]
> ("Hymne à l'amour")

Édith, uma sedutora? Marlene Dietrich e muitos outros reconhecem nela um charme enorme, indefinível, e que provou do que era capaz. No entanto, cada relação a "fait tourner la tête" (faz perder a cabeça) e a mergulha na alma de uma garota romântica, um pouco ingênua e até mesmo inocente. Suas expectativas geralmente são contrariadas. Ela tinha a impressão de ter sido mais usada do que amada por alguns namorados. Mas essas decepções, e mesmo o drama da perda de Marcel Cerdan, não alteram essa fé inabalável. Para Piaf, "l'amour est éternel" (o amor é eterno).

> Eu dei, dei minhas lágrimas
> Eu chorei para melhor te amar
> Eu paguei com tantas lágrimas
> Para sempre o direito de amar...
> Para sempre... o direito de amar...[3]
> ("C'est l'amour")

---

[1] "L'amour, ça sert à quoi?/ À nous donner de la joie/ Avec des larmes aux yeux.../ C'est triste et merveilleux!" À quoi ça sert l'*amour*, de Michel Emer, 1962. (N.T.)

[2] "Je me fous du monde entier/ Tant que l'amour inondera mes matins,/ Tant que mon corps frémira sous tes mains./ Peu m'importent les problèmes,/ Mon amour, puisque tu m'aimes..." *Hymne à l'amour*, de Édith Piaf e Marguerite Monnot, 1950. (N.T.)

[3] "J'ai donné, donné mes larmes/ J'ai pleuré pour mieux t'aimer/ J'ai payé de tant de larmes/ Pour toujours le droit d'aimer. / Pour toujours... le droit d'aimer..." *C'est l'amour*, de Édith Piaf e Marguerite Monnot, 1960. (N.T.)

Édith e seu pai, Louis Alphonse Gassion, em 1940.

Louis Gassion

Comecemos com o primeiro Gassion a ouvir o chamado do circo. Victor Alphonse, conhecido como "Gassion das falésias", apresenta-se nas arenas mais prestigiosas. Ali conhece Léontine Louise Descamps. Resumo da história: quatorze filhos, entre os quais Louis, nascido em 10 de maio de 1881 e que torce o corpo para todos os lados. As meninas não ficam atrás: Mathilde e Zéphoria formam o duo das "Irmãs Gassion" e Louise faz carreira com o Kag's Trio. Louis, contorcionista e antipodista, apresenta-se em circos e feiras. Com a pequena Édith, as relações são cheias de amor desajeitado e de palmadas: dois beijos, uma boneca e uma infinidade de madrastas passageiras. O sedutor se casa de novo em 1932 com Jeanne L'Hôte, com quem tem uma filha, Denise. Piaf começa, bem cedo, a sustentar esse pai de corpo já gasto. Louis morre em 1944. Como Danielle Bonel dizia: "Louis Gassion foi o único homem que ela amou com mais constância".

Raymond Asso

Se Leplée criou a Môme Piaf, Asso fez a menina crescer e amadurecer. Como *pygmalion*, dedica-se a sua causa, mas com uma condição: trabalhar duro e mudar de vida. Raymond começa a frequentar o universo da música em torno de 1934-1935. Nasce em Nice, em 1901, e durante alguns anos leva uma vida de aventureiro, até chegar à contestável profissão de contrabandista. Poeta amador, um editor percebe nele um talento de letrista e ele acaba trabalhando para Marie Dubas. Apaixonado por Édith, mestre duro e exigente, Asso escreve para a jovem um repertório inspirado em suas experiências de vida. "A canção não é pouca coisa. Nela, se encontram todas as penas, todas as mágoas e também todas as alegrias e esperanças" (Raymond Asso, prefácio do livro *Chansons sans musique*). O controle asfixiante de seu benfeitor e a vigilância constante são pesados demais para ela. Quando se encontra, Édith se separa de seu guia.

"Ele me ensinou a me tornar um ser humano. Três anos foram necessários para que ele me curasse. Três anos de terna paciência para me ensinar que existia outro mundo além do das putas e dos cafetões."

No Club des Cinq em Paris, em 23 de março de 1948.

Marcel Cerdan

A Môme cruza com seu homem em 1946. Dessa vez, eles apenas se devoram com os olhos. Um ano depois, a paixão cega os nocauteia e perdura. Em 21 de setembro de 1948, a amante, à beira do ringue, grita de alegria e martela o chapéu de feltro de seu vizinho. Marcel acaba com o famoso Tony Zale. Quando o novo campeão mundial entra em casa, ele tem de caminhar sobre milhares de pétalas de rosa. Lucien Roupp, empresário do boxeador, preocupa-se com essa paixão: ainda mais porque Marcel não consegue mais ganhar nenhuma luta. A imprensa busca um culpado: "Piaf traz azar". O boxeador treina na França, Édith se entedia em Nova York. O tempo é longo demais. "Alô! Meu Marcel, venha, eu suplico. Pegue o avião amanhã..." Marcel não sabe dizer não a Édith. No dia 27 de outubro de 1949, o Constellation nunca chegaria a Nova York. Nenhum sobrevivente. No Versailles, apesar da notícia atroz, Édith quer cantar. Durante o "Hymne à l'amour", ela desaba. "O céu azul sobre nós pode desabar e a terra pode ceder..."

"Ela gritou durante horas sem parar. Ainda posso ouvir seus gritos de animal ferido."
Simone Berteaut

Durante a gravação de *Étoile sans lumière*, de Marcel Blistène, em 1945. No palco, Montand já mostrava os gestos inspirados em Piaf.

Yves Montand

Yves Montand, ou, melhor, Ivo Livi, nasceu na Itália em 1921. Ele e a família fogem de Mussolini e dos camisas negras. Ele se refugia em Marselha, onde, em razão da pobreza, faz de tudo: entregador, estivador, cabeleireiro... É difícil imaginar que o sedutor de grandes mulheres (Signoret, Monroe...) tivesse sido um cara de 1,85 metro, tímido e desajeitado. A partir de 1938, o caubói começa a cantar. Em 1944, vai para Paris. Faz uma audição com Piaf e ela sente talento, carisma e charme nele. A partir de então, o casal oscila entre amor e trabalho, *leitmotiv* "piafiano" por excelência. Ao se levantar, Montand se torna aluno de novo: vocalises, exercícios de dicção. Henri Contet compõe para ele "Battling Joe". Piaf lhe oferece a letra de "Elle a des yeux". Reconhecido e aclamado, surge Montand. "Ela não me criou, ela me ajudou – obrigado, Édith – e, sobretudo, me amou, me apoiou e me magoou com tanta sinceridade, com tantos risos e graça, que precisei de muitos anos para me recuperar."

103

Édith e Jacques no Mocambo, em Hollywood, em 20 de dezembro de 1953.

Jacques Pills

Pills nasceu em 1906. Filho de um médico coronel do Exército, tenta fazer sua carreira no *music hall* e se lança com Georges Tabet em um duo de humor refinado. Sucesso! Em 1939, Pills se casa com Lucienne Boyer, a estrela francesa da América. Dessa união, que termina em divórcio em 1949, nasce uma menina, Jacqueline. Ele se lança em carreira solo. Jacques, que conhece Édith há muitos anos, entra seriamente na vida de Piaf em 1951. Casar-se com Pills? É encontrar um equilíbrio. Talvez ele não tenha a mesma aura profissional de Édith, mas é experiente e transmite calma e serenidade. Ela o chama de "pépère" [tranquilão] e volta a fazer tricô. No entanto, o casamento não é um período tranquilo para esses fanáticos por trabalho. Édith e Jacques: dois polos de um ímã. "Ela corre, ela grita, ela está furiosa..."[1]

[1] "Ça bouge, ça crie, c'est tout furieux..." *Et ça gueule ça, madame*, de Édith Piaf e Gilbert Bécaud, 1952, cantada com Jacques Pills no filme *Boum sur Paris* de Maurice de Canonge, 1954. (N.T.)

De 27 de setembro a 23 de outubro de 1962, Édith se apresenta com Théo no Olympia.

Théo Sarapo

Primeiro encontro: o jovem intimidado, cabeleireiro e deus grego, tira uma boneca do bolso e a oferece à cantora: "É um presente para você... Foi feita no meu país. Ela lhe trará felicidade.". "Obrigada", diz Édith, "você sabia que eu nunca tive uma boneca?" Dias e semanas se passam. Édith está internada e o admirador grego vai vê-la todas as manhãs, com um buquê de flores na mão. Piaf, conquistada, já começa a "pigmalionar". Ele gosta das canções dela. Isso não é problema, ele vai cantá-las. Seu sobrenome não é lá grande coisa, então será simplesmente Théo Sarapo, porque significa "eu te amo" na língua de Platão e, de Homero. Um jornalista, acostumado a ir ao bulevar Lannes, pergunta: "Você não quer se casar com Théo? Seria uma boa propaganda para você...". Édith aceita o pope e diz "sim" ao seu grego. "Mas você é o último, e você é o primeiro". A vida conjugal é curta. Théo morre alguns anos depois de Édith, um destino de tragédia antiga.

"Eu amei apenas um homem: Marcel, mas era Théo que eu estava esperando."

Louis Leplée

Leplée, diretor do cabaré-restaurante Gerny's, organizador das noites parisienses desde os *années folles*, é o primeiro a oferecer uma oportunidade à menina das ruas. Antes da Primeira Guerra Mundial, Leplée teve uma pequena experiência de palco, acreditando ter o talento de seu tio Polin, um ator *troupier* por excelência. Mas Leplée voltou manco da guerra. Ele monta o cabaré Liberty's e depois o Gerny's. Um dia, descobre a menina Gassion. Ele tinha bom gosto, assim como seu público diversificado, que ia de Mermoz a Jeff Kessel e que, todas as noites, pedia bis à menina. Leplée foi assassinado. A Môme ficou perturbada com o caso durante algum tempo, assim como seus amigos de Pigalle.

Marc Bonel

Devemos a Marc Bonel e a sua esposa, Danielle, uma das mais emocionantes e autênticas biografias de Édith: *Le temps d'une vie*. Pela primeira vez, as fontes são reais, confirmadas pela própria Édith, a anos-luz das invenções desavergonhadas de certa imprensa sensacionalista. De 1945 a 1963, Marc foi o acordeonista de Édith. Ele percorreu o mundo por vontade da cantora, que só confiava no piano daquele pobre, isto é, o famoso Cavagnolo, o Stradivarius dos acordeões, de seu Marc, de seu Marco. Foi Édith que aconselhou Marc a se casar com Danielle. Ela foi testemunha do casamento deles na igreja Saint-François-de-Salle, em Paris.

Michel Emer

Nasceu em São Petersburgo, em 1906, e mudou-se para Paris com os pais com poucos meses de idade. Aos dezessete anos, já é pianista de jazz. Suas primeiras canções nasceram nos anos 1930: "J'ai le béguin pour la biguine". Em janeiro de 1940, ele se recupera de um ferimento de guerra no liceu Lakanal que tinha se tornado um hospital militar. Lá, uma noite, ele ouve Édith Piaf cantar no rádio. No mesmo instante escreve a letra de "L'accordéoniste". Antes de voltar para a guerra, ele liga para Édith, que aceita recebê-lo. Às 7 horas da noite ele começa a cantar "L'accordéoniste" (música de Marguerite Monnot) e o recital, sempre com a mesma canção, só acaba às 6 horas da manhã.

Henri Contet

O futuro letrista, nascido em 1904, no departamento de Saône-et-Loire, troca a engenharia para se voltar ao cinema e ao jornalismo (*Paris-Midi*, *Ciné-mondial*). Em 1941, é assessor de imprensa de *Montmartre-sur-Seine*, filme de Georges Lacombe com Édith. A intérprete, mais *pygmalion* do que nunca, declara que Henri Contet foi feito para a música. Ela encomenda letras para ele e, mais uma vez, está certa. Apesar de o amor não durar muito, o letrista continua bem inspirado e escreve para ela várias obras-primas, como "Padam, padam" e "Bravo pour le clown".

Jacques Bourgeat

Ele começa como eletricista, mas cede à paixão pelas letras e pela história. Sobrevive como jornalista *freelance* e escreve artigos especializados sob o pseudônimo de Camille de Nouguier. Desde as primeiras apresentações da Môme no Gerny's, ele estava lá. Uma empatia se cria e eles se tornam amigos. De professor ocasional, ele se torna o amigo fiel, o pilar. Ele gosta da curiosidade de Édith, de sua sede de aprender. Ela escreve para ele, abre seu coração, faz confidências. Em um problema difícil, basta um telegrama para ele vir correndo. "Jacquot", o sábio, o filósofo, nunca a abandonaria.

Michel Vaucaire

Nasceu em Brissago, na Suíça. Foi jornalista, poeta e produtor de rádio. Um bom número de intérpretes, e dos grandes, como Jean Sablon ("La chanson des rues"), os Irmãos Jacques ("La Saint Médard") e Fréhel ("Sans lendemain"), fazem uso de seu grande talento de compositor. Um dia, em 1960, com Charles Dumont, se apresenta a Édith não com as mãos vazias, mas com "Non, je ne regrette rien", o sucesso dos sucessos, de certo modo sua canção testamento. Entre 1960 e 1962, Édith gravou mais de dez canções de Vaucaire: "Défense de...", "Fallait-il?", "C'est peut-être ça", "Marie-Trottoir", "Mon Dieu"...

Louis Barrier

Foi em 1945 que Louis Barrier "começou a trabalhar para Édith Piaf". E Louis, conhecido como Loulou, foi, com Robert Chauvigny e Marc Bonel, um dos três mosqueteiros que nunca abandonaram Édith, nem por um segundo, nem por uma turnê, durante toda a sua vida. Loulou foi a seu primeiro encontro com a Môme de bicicleta! Ele sabia que Édith precisava de um profissional do espetáculo, "um homem capaz de se dedicar a sua carreira sem ser tragado pela espiral das suas inúmeras desordens" (*dixit* Georges Martin). Barrier foi esse homem. A pedido de Édith, ele foi ao aeroporto de La Guardia esperar um certo Marcel Cerdan, morto em um acidente aéreo.

Claude Figus

Claude Figus é um papa-jantares, parasita, cantor principiante e anarquista de araque. Cozinha dois ovos na chama do Soldado Desconhecido, aos pés do Arco do Triunfo, e é condenado a três meses de prisão e 50 mil francos de multa. Quem ele quer impressionar? Piaf, é claro, porque Figus arde de paixão. Édith gosta dele, "mas como amigo". Ela concede a ele apenas uma noite na cama azul. Grande confidente, ele logo toma conta de tudo na casa. Um dia, ele aparece com um cara alto e magro, Théophanis Lamboukas, que conquista a bela. Claude, definitivamente dispensado, sai de cena. Ele se suicida em 1963, poucos meses antes da morte de sua rainha.

Michel Rivgauche

"La foule", melodia baseada em uma ária de uma valsa folclórica peruana, de Angel Cabral, é um dos maiores sucessos de Édith Piaf. Michel Rivgauche, cujo nome verdadeiro é Mariano Ruiz (nascido em Paris em 1923), estreia como músico de orquestra antes de começar a escrever. Primeira canção de sucesso: "Ça c'est d'la musique", escrita para Colette Renard. Ele conhece Piaf em setembro de 1957, torna-se seu letrista oficial e volta aos palcos encorajado por ela. Piaf canta Rivgauche com paixão. Basta se lembrar de "Faut pas qu'il se figure", "Mea culpa", "Carmen's Story" e a famosa "Les prisons du roy".

Georges Moustaki

Giuseppe Mustacchi nasceu em Alexandria, em 1934, de pais gregos. Vai para Paris em 1951 para continuar seus estudos, mas a música acabou por cegá-lo completamente. Barman em um piano-bar, colabora com Henri Salvador e Henri Crolla. Canta nos *music halls* Le Port du Salut e La Colombe. Conhece Édith Piaf por intermédio de Crolla e a acompanha aos Estados Unidos para um recital em Nova York. Escreve para ela "Milord". Ela adora seu "pastor grego", já ele, nem tanto. Jo recupera a liberdade e apresenta uma certa "Sarah" a Serge Reggiani. Sucesso. O triunfo vem em seguida, com "Métèque".

Jean Dréjac

Jean Dréjac nasceu Jean Brun em Grenoble, em 1921. O público mal o conhece apesar de cantarolar centenas de seus refrões, sucessos em sua maioria, como "Sous le ciel de Paris", "Le petit bal du samedi soir", "La chansonnette" e, sobretudo, "Le petit vin blanc". Participou – anonimamente, segundo ele – da turnê de Piaf nos Estados Unidos. Foi na época de *O selvagem*, de Laslo Benedek, com Marlon Brando, que Dréjac, rápido no gatilho, escreveu para sua Édith "L'homme à la moto", com uma águia nas costas, ainda por cima.

Robert Chauvigny

Ele foi uma criança prodígio. Aos dez anos, Robert Chauvigny tocava cinco instrumentos musicais. Pianista, arranjador, regente, Chauvigny era um perfeccionista fora de série, o que, é claro, só poderia agradar a Édith. Eles se respeitavam, nunca se trataram por "você", mas por "senhor" e "senhora". Quando Édith lhe pediu que assinasse por ela a melodia de "La vie en rose", Chauvigny se recusou educadamente. Ele achava a canção uma "porcaria". Louiguy não pensou duas vezes e assinou. Chauvigny morreu algumas semanas depois.

1951

No alto, à esquerda: Marcel Achard e Orson Welles recepcionam Édith no aeroporto de Orly. Ela cantou durante dezoito semanas nos Estados Unidos. Abaixo: Édith faz uma apresentação triunfal no Alhambra, em 28 de fevereiro de 1954. Nas coxias, é recebida por Lucienne Delyle, esposa de Aimé Barelli, e Juliette Gréco.

"Quando vejo a senhora no palco, sinto vergonha de bancar a cantora."
Juliette Gréco

Édith e Robert Chauvigny, seu regente e pianista. Trabalho, trabalho e mais trabalho!

1952

20 de setembro de 1952, 10 horas. Igreja Saint-Vincent-de-Paul em Nova York. As testemunhas de casamento de Édith e Jacques são Marlene Dietrich e Louis Barrier. Seguem-se um coquetel no Versailles e um almoço no Pavillon que foi até às 16 horas. O jantar no restaurante Old China transcorreu entre duas apresentações no Versailles... À direita de Jacques Pills, Papa Prunis, gerente do restaurante.

"Marlene foi a única representante de Hollywood e da Broadway convidada para o casamento. Ela comandou a cerimônia com energia."
Danielle Bonel

*"La vie en rose" para você, querida Marlene

Marlene Dietrich

A amizade entre Édith e Marlene – uma verdadeira paixão – começou em 1949. O Anjo Azul ficou fascinado com a interpretação de Édith de "La vie en rose". Como Marlene estava gravando naquela época *Pavor nos bastidores* (*Stage Fright*, 1950), sob a direção de Hitchcock, ela pediu ao célebre cineasta que ele lhe desse os direitos da canção. Édith se encanta com a admiração de "Lola-Lola". Ela conhecia muitas das canções de Marlene e interpretou mais de uma vez "o anjo azul" ("Ich bin die fesche Lola/Der Liebling der Saison...") na casa de Madame Billy, o famoso bordel parisiense. Em Nova York, no começo de sua carreira nos Estados Unidos, Marlene estava sempre nas primeiras filas do Versailles para aplaudi-la. Ela também foi testemunha do casamento de Édith e Jacques Pills. Para Marlene, Édith era Paris, melhor ainda, a Paris popular. Ela fazia Marlene se lembrar de Gabin, o modo de comer e falar de seu Jeannot. Em Paris, Édith aceitou levar Marlene à rua onde morava o ator de *Trágico amanhecer* [*Le jour se leve*, de Marcel Carné, 1939], com a esperança de revê-lo. Ela ainda era apaixonada por ele.

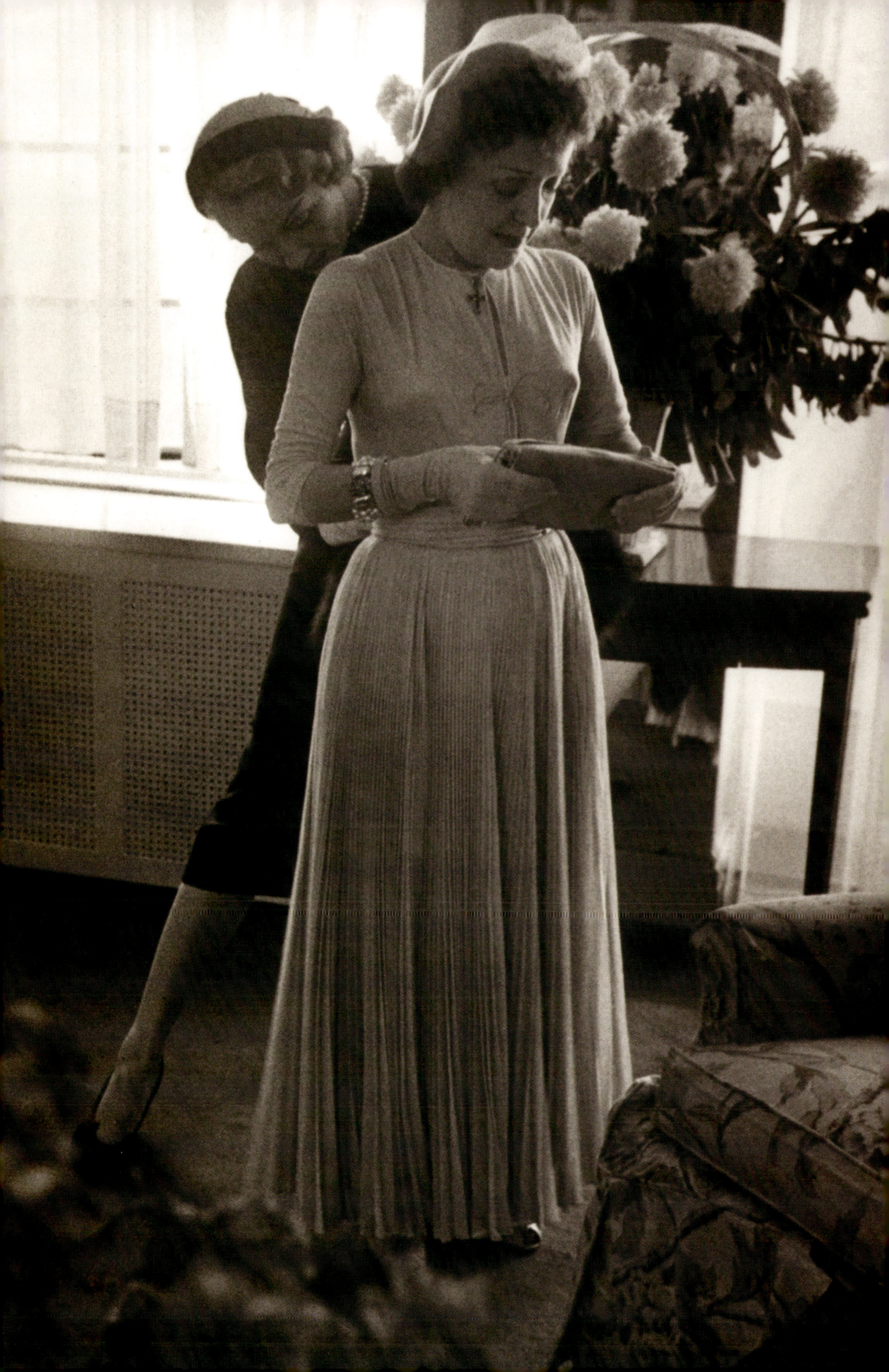

A decolagem

Ah, o espírito aventureiro! Na família Gassion, o gosto pela estrada passa de geração em geração. De pai para filho. E filha! A tia de Édith acabará fugindo até a Grande Muralha da China. Logo, a Môme tem a quem puxar, ela não conta mais os quilômetros percorridos. Europa, África, América do Norte e do Sul, Piaf atravessa os meridianos, os fusos horários... Retrato de viajante: a tricoteira das plataformas de trem e das salas de embarque. Embarque imediato, senhoras e senhores!

Da Bélgica aos canteiros de trabalho obrigatório da Alemanha durante a guerra, a intérprete visa, sobretudo, o público francófono. Só depois de se associar aos Compagnons de la Chanson, lançou-se em uma turnê de peso fora das fronteiras habituais. Édith e seu coral de nove cantores partiram para conquistar dinamarqueses, finlandeses, suecos e noruegueses.

Aposta perigosa, aposta ganha. O público gosta da energia tão peculiar da grande dama. A vida com a trupe é como uma alegre colônia de férias. No cardápio: risos, piqueniques, música e namoricos.

Depois os Estados Unidos lhe abrem as portas, começo de uma longa tentativa de sedução. Embora tenha certa dificuldade para impor seu estilo, ano após ano ela ganha terreno... e estados: Califórnia, Texas, Flórida. Dos cabarés às grandes salas de *music hall*, ela supera etapas e obstáculos. É aclamada por toda Nova York. Em Hollywood, ela se torna a coqueluche das grandes estrelas, de Humphrey Bogart a Marlon Brando, e se dá ao luxo de nadar na piscina de Gingers Rogers. Cidadã de honra de Montreal, recebida com uma chuva de flores no Copacabana Palace no Rio de Janeiro, Piaf canta, então, em todas as línguas, inglês, espanhol, português...

Ela passa por cidades, países, voa de um continente ao outro. Da Grécia ao Egito em cima de um camelo para uma foto, de Túnis a Argel, Édith alterna dias ensolarados e temporadas geladas. Uma vida de quartos de hotel e teatros... Ela percorre estradas, mares, ares. Cada vez mais longe...

E nunca sozinha! Acontece que Édith se desloca, frequentemente, com seu clã, em bandos grandes e alegres. Secretárias, músicos, amigos e amantes ocasionais... É madame quem cozinha e escolhe o cardápio. A câmera, ou melhor, o olhar de Marc Bonel registra em abundância os momentos da vida na estrada. Jantares inesquecíveis, cancãs endiabrados, conversíveis e cabelos ao vento... Paisagens infinitas.

Depois que essa garota saiu de Belleville, nada mais a segura. O mundo de Piaf: um convite para viajar!

> Levada por uma multidão que se lança
> E que dança
> Uma louca farândola
> Sou levada para longe...[1]
>   ("La foule")

....
1. "Entraînée par la foule qui s'élance/ Et qui danse/ Une folle farandole/ Je suis emportée au loin..." *La Foule*, de Angel Cabral e Michel Rivgauche, 1953/1957. (N.T.)

Estados Unidos

"Quando as pessoas se acostumarem com seu vestidinho preto, quando entenderem que uma parisiense não usa, obrigatoriamente, um chapéu de penas e um vestido de cauda, vão brigar para ouvi-la."
Clifford Fischer, empresário americano, 1947

Página da direita, encontros com personalidades: 1. Henry Fonda e Leslie Caron. 2. Rock Hudson e esposa, na noite em que se casaram. 3. Bette Davis. 4. Charles Boyer e esposa. 5. O ator John Garfield. 6. Dorothy Lamour, Joan Crawford, Édith e Lena Horne. 7. Jeanette McDonald (*Alvorada do amor* [*The Love Parade*, de Ernst Lubitsch, 1929]) e marido. 8. Marlene e Édith durante uma entrevista em Nova York.

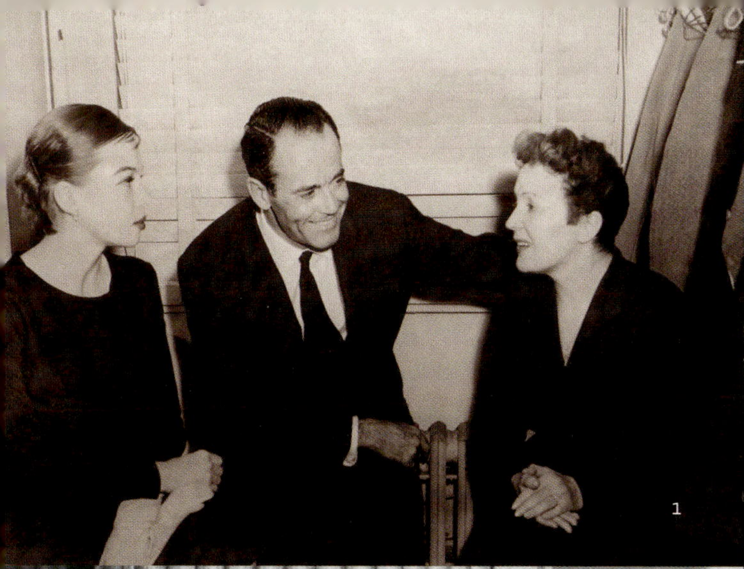
1
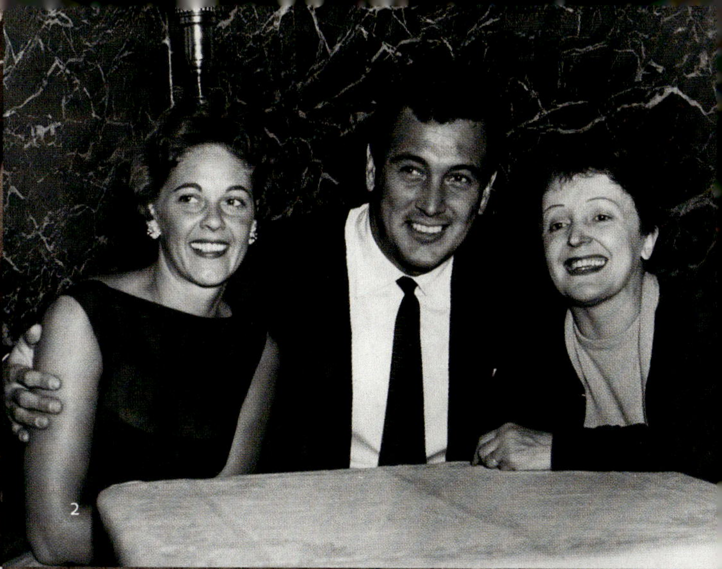
2
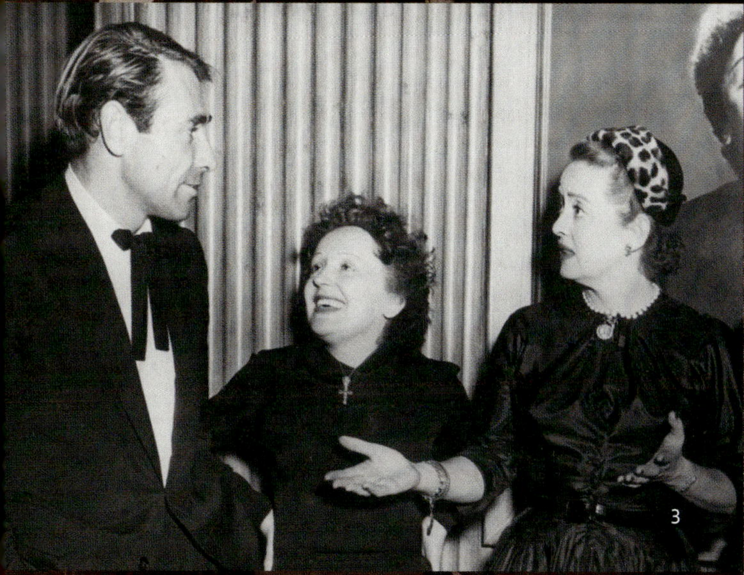
3
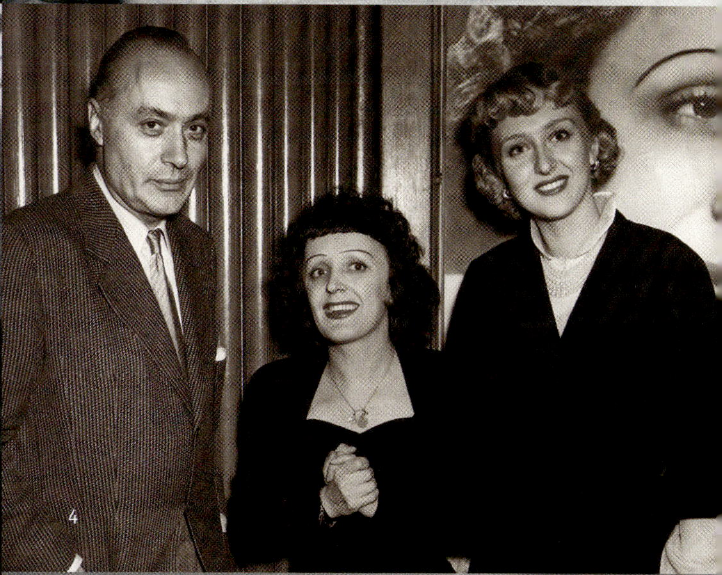
4
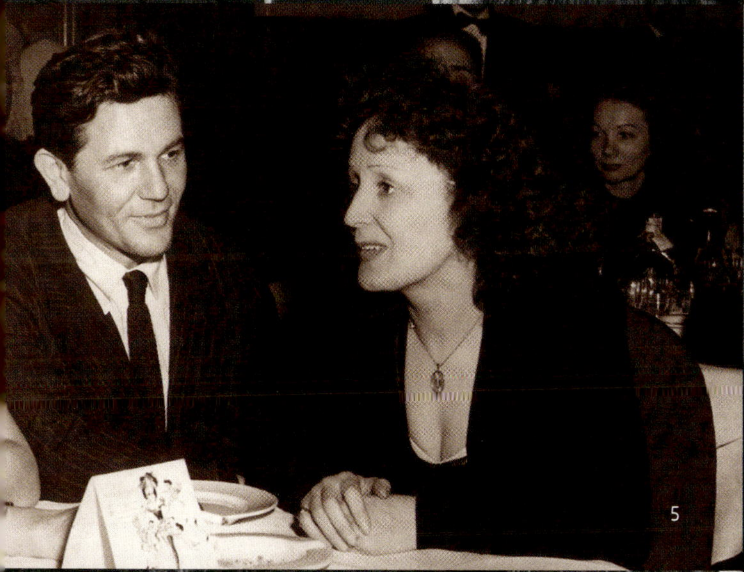
5
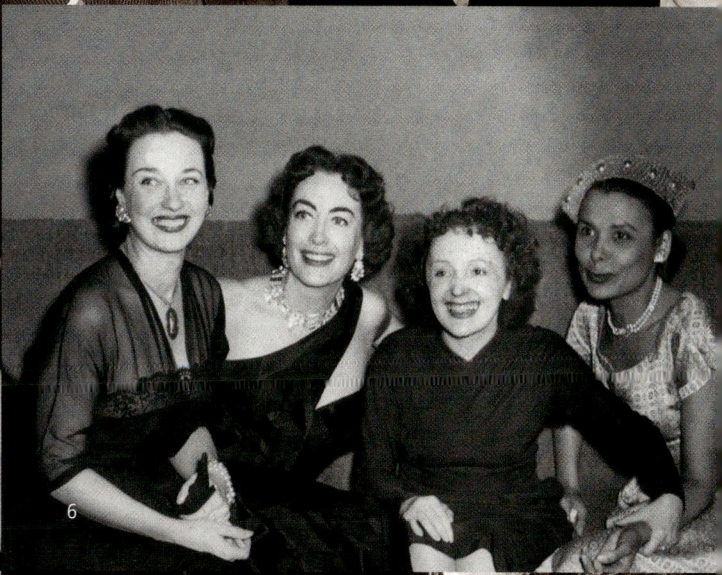
6
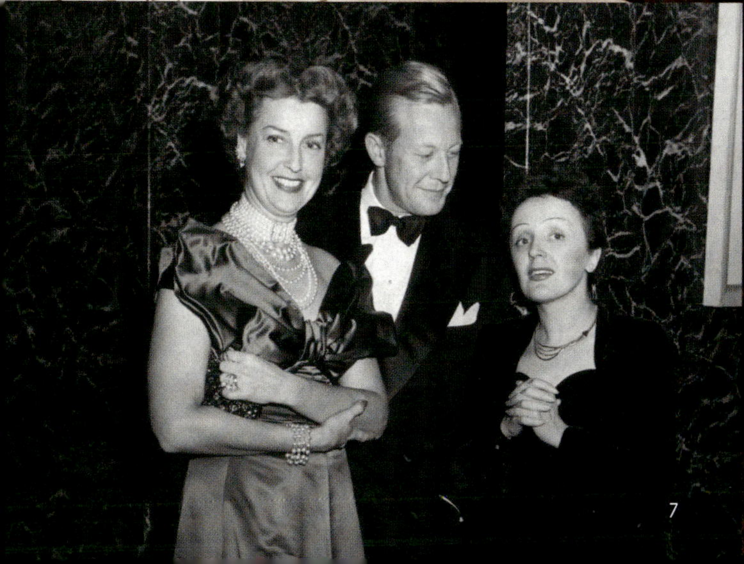
7
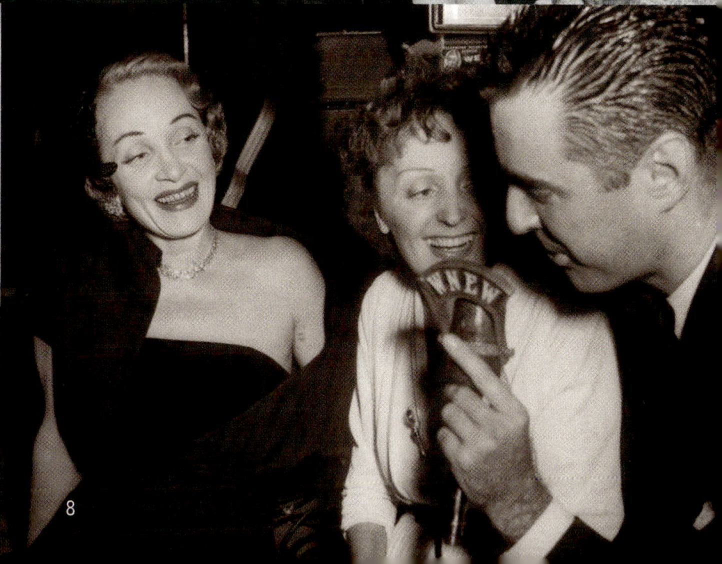
8

Édith e Dorothy Lamour, a estrela hollywoodiana, protagonista de *A sereia das ilhas* [*Road to Singapore*, de Victor Schertzinger, 1940] e de *O maior espetáculo da Terra* [*The Greatest Show on Earth*, de Cecil B. DeMille, 1952].

"Fazer carreira na França, onde as pessoas falam a mesma língua, me compreendem, não é nada: minha meta é fazer carreira internacional. As pessoas não te compreendem e você consegue fazê-las chorar."

Com Rita Hayworth, ou melhor, "Gilda, a rainha da Broadway, a dama de Shanghai", que mais de uma vez aplaudiu Édith no Versailles.

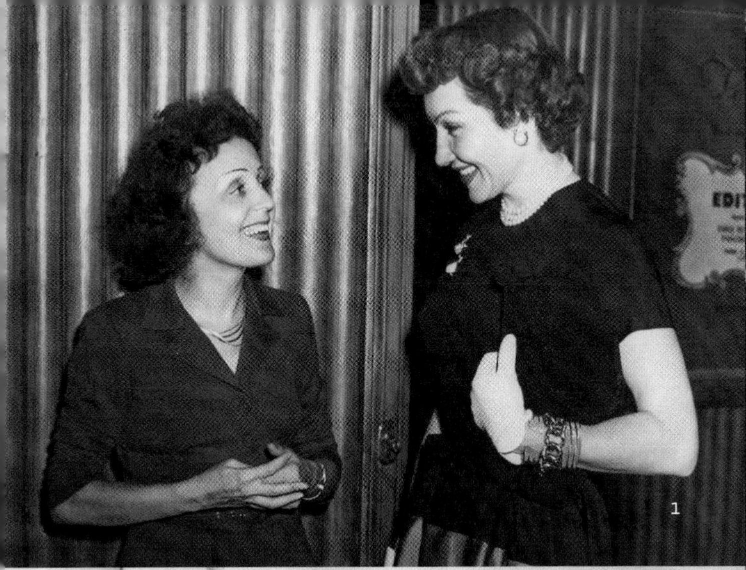
1

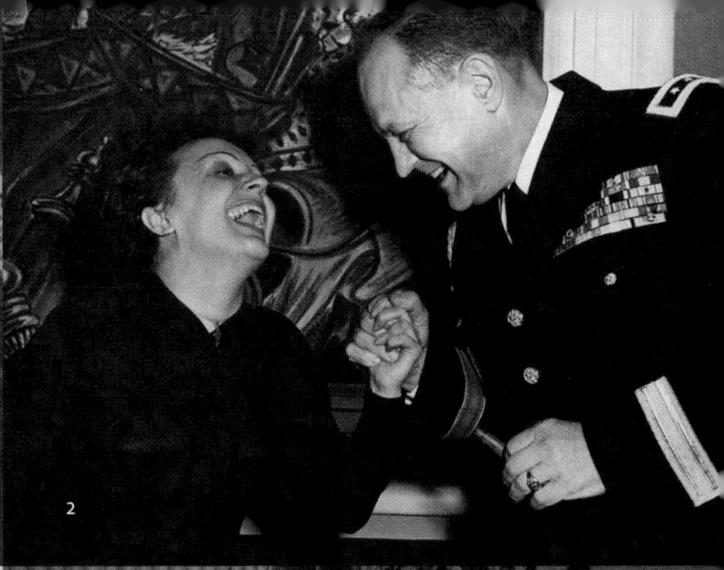
2

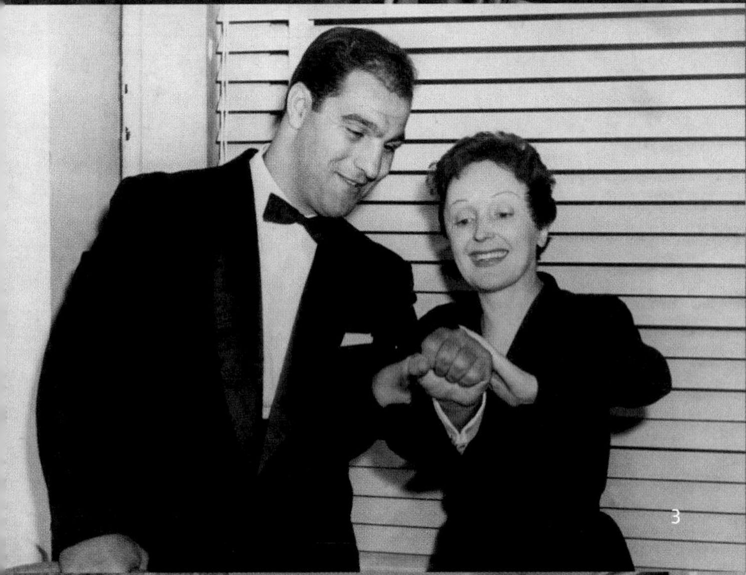
3

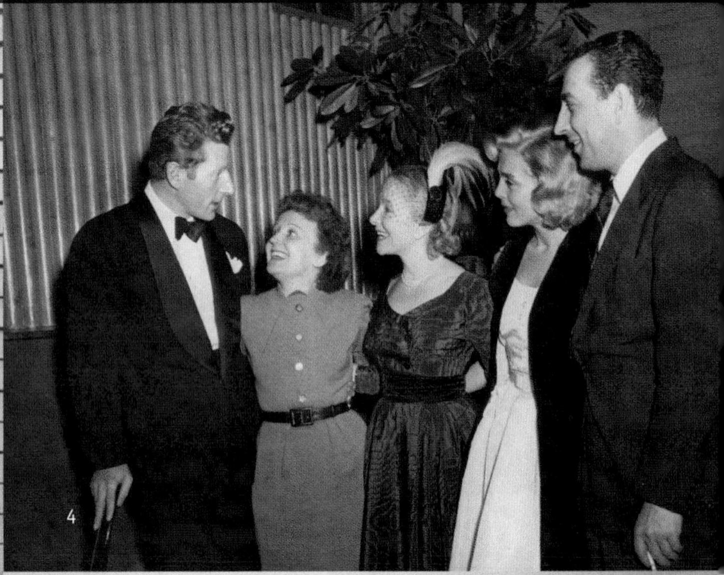
4

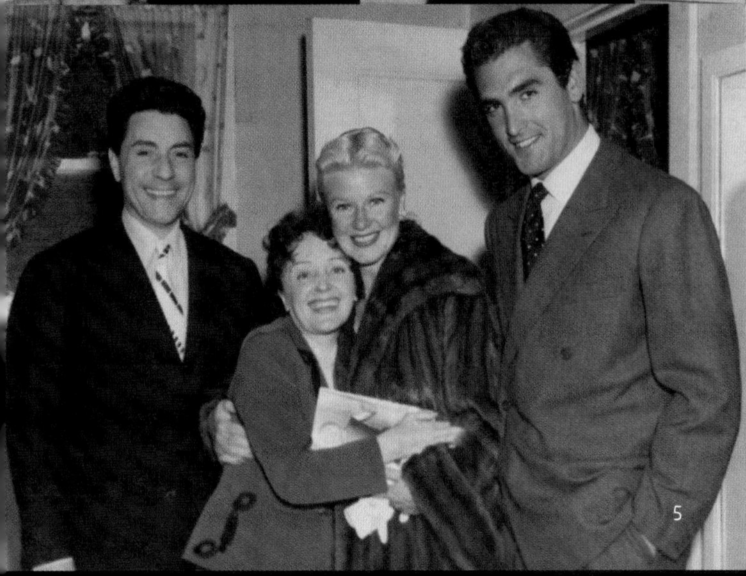
5

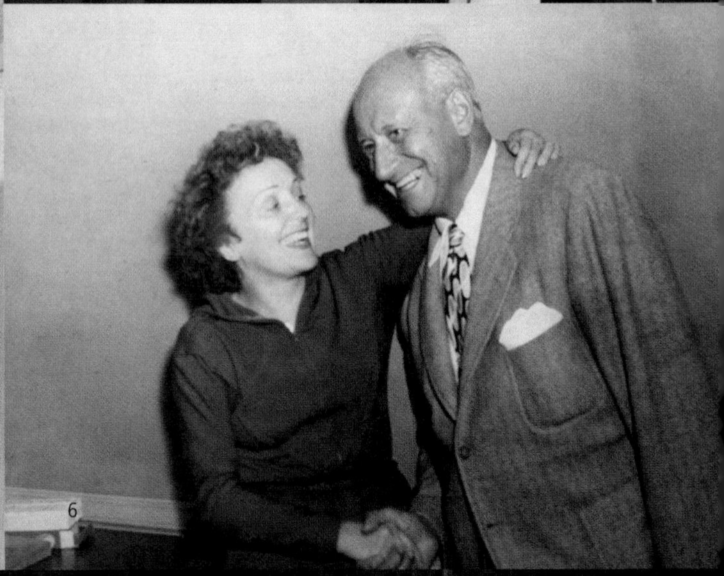
6

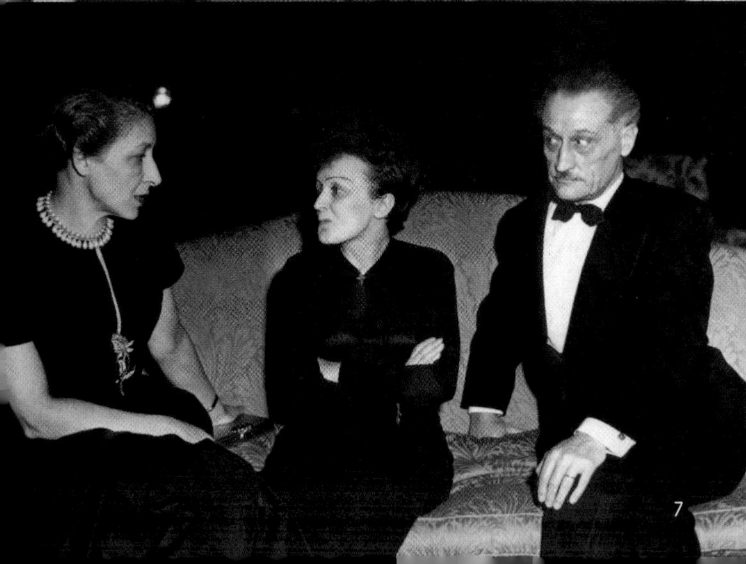
7

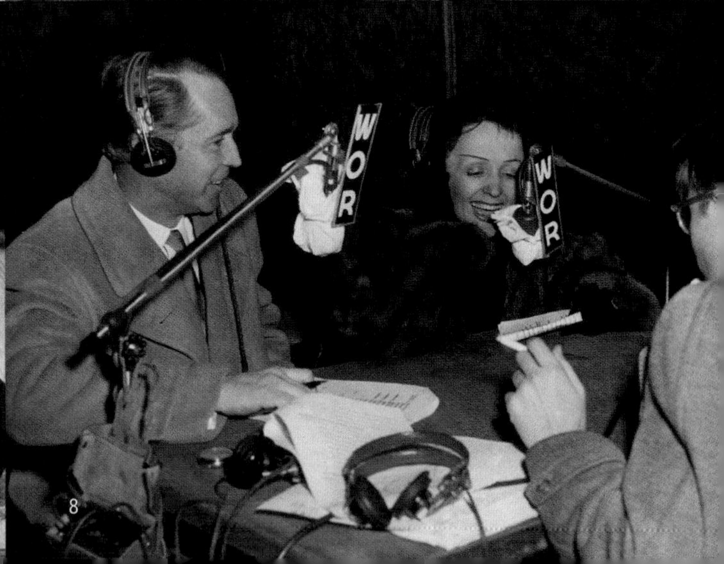

8

Página da esquerda: 1. Claudette Colbert, a inesquecível protagonista de *Aconteceu naquela noite* [*It Happened One Night*, de Frank Capra, 1934], com Clark Gable. 2. Um tenente da Marinha dos Estados Unidos cumprimenta Édith. 3. Com o boxeador Rocky Marciano, único campeão de boxe nunca derrotado. 4. Dany Kaye, à esquerda de Édith. 5. Édith e Jacques Pills com Ginger Rogers e seu marido. 6. Édith e Papa Prunis. 7. O embaixador da França em Nova York e sua esposa. 8. Com Franchot Tone, em 27 de janeiro de 1950. Acima: no transatlântico *Eureka*, indo para São Francisco.

121

Quebec

Sessão de autógrafos no Quebec, em 1947. De cima para baixo: programa de rádio e assinatura do livro de ouro na prefeitura de Quebec.

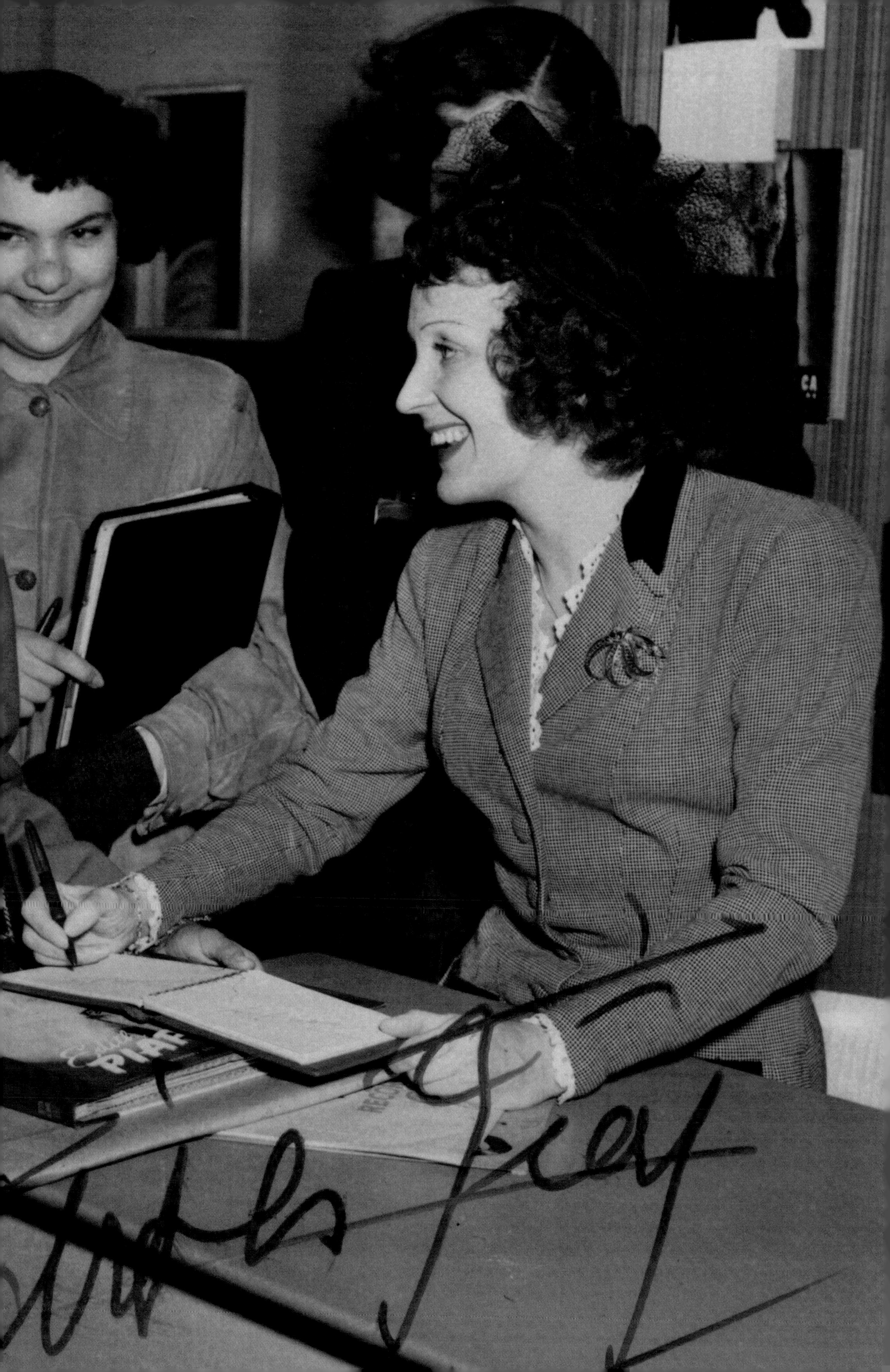
PIAF

América do Sul

1. Marc, Danielle, Liebrard, Édith e Monique Chauvigny no Brasil. 2. Édith e Jacques Liebrard visitam uma escola de samba no Brasil, em 1954. 3. Aterrissagem na Argentina. 4. Bom dia, México! 5. Orquestra em Cuba.

África do Norte

EWART MEMORIAL HALL
3 GRANDES PREMIERES 3
MARDI 22, MERCREDI 23, et JEUDI 24
FÉVRIER 1949 en SOIRÉE à 9 h. 30

EDITH PIAF
la Vedette Mondiale
du disque et de la
chanson

ORCHESTRE de 12 Musiciens sous la Direction de
ROBERT CHAUVIGNY (PIANO)
et l'accordéon
MARC BONNELL

PRIX DES PLACES (Taxes Comprises):

Fauteuils d'Orchestre .... P.T. 134.5
         de Centre 87.5
         de Stalle 58.5
Fauteuils de Balcon "A" 87.5
                  "B" 58.5
                  "C" 25.5

Location chez J. LUMBROSO 10, Soliman Pacha - Tél. 54180

Em 21 de fevereiro de 1949, no Cairo, Édith se hospeda no hotel Semiramis e canta no Ewart Memorial Hall. Abaixo: chegada ao Cairo.

125

Les Compagnons de la Chanson

Quem são eles, esses famosos trovadores que Édith encoraja com toda a sua afeição? O dinamismo, a alegria de viver, boas possibilidades, apesar do repertório um pouco ultrapassado... Não é preciso mais nada para emocionar a atrevida Môme e atiçar a *pygmalion*. Ela jura que os fará trabalhar. Liderados por Jean-Louis Jaubert, Les Compagnons de la Chanson estão prontos a tentar a sorte. A fada Piaf abre as portas do seu mundo para eles. O grupo conta com tenores, barítonos e baixos: Fred Mella, Gérard Sabat, Jean Albert, Hubert Lancelot, Marc Herrand, Jo Franchon, Jean-Louis Jaubert e depois Guy Bourguignon. No fundo, todos apaixonados... Ela compartilha as risadas e, durante algum tempo, transforma a vida deles num verdadeiro turbilhão.

"Eles têm os pés na juventude, o coração na poesia e a cabeça na canção."

Henri Contet

Édith e Les Compagnons de la Chanson em um restaurante em Nice. Ela canta, eles cantam no Palais de la Méditerranée, em 20 de agosto de 1946. Entre eles, Reda Caire (à esquerda, perto da janela).

No alto: 8 de março de 1947, Édith canta com os Compagnons no programa *Télé-Paris*, rua Cognacq-Jay. No centro: de 6 a 16 de dezembro de 1946, no Variétés Casino de Marselha. Embaixo: 26 de junho de 1947, um badalar de sino abre o Bal des Petits Lits Blancs, na ponte de prata no Teatro de Ópera de Paris.

1953

La joie de vivre, de Marie Bell. Em 5 de fevereiro de 1955, ao vivo do Alhambra, Édith canta "Les amants de Venise".

1954

No filme *French Cancan*, de Jean Renoir. No papel da cantora Eugénie Buffet, ela canta "La sérénade du pavé". Da esquerda para a direita: Jean Renoir, Françoise Arnoul, André Claveau e Édith.

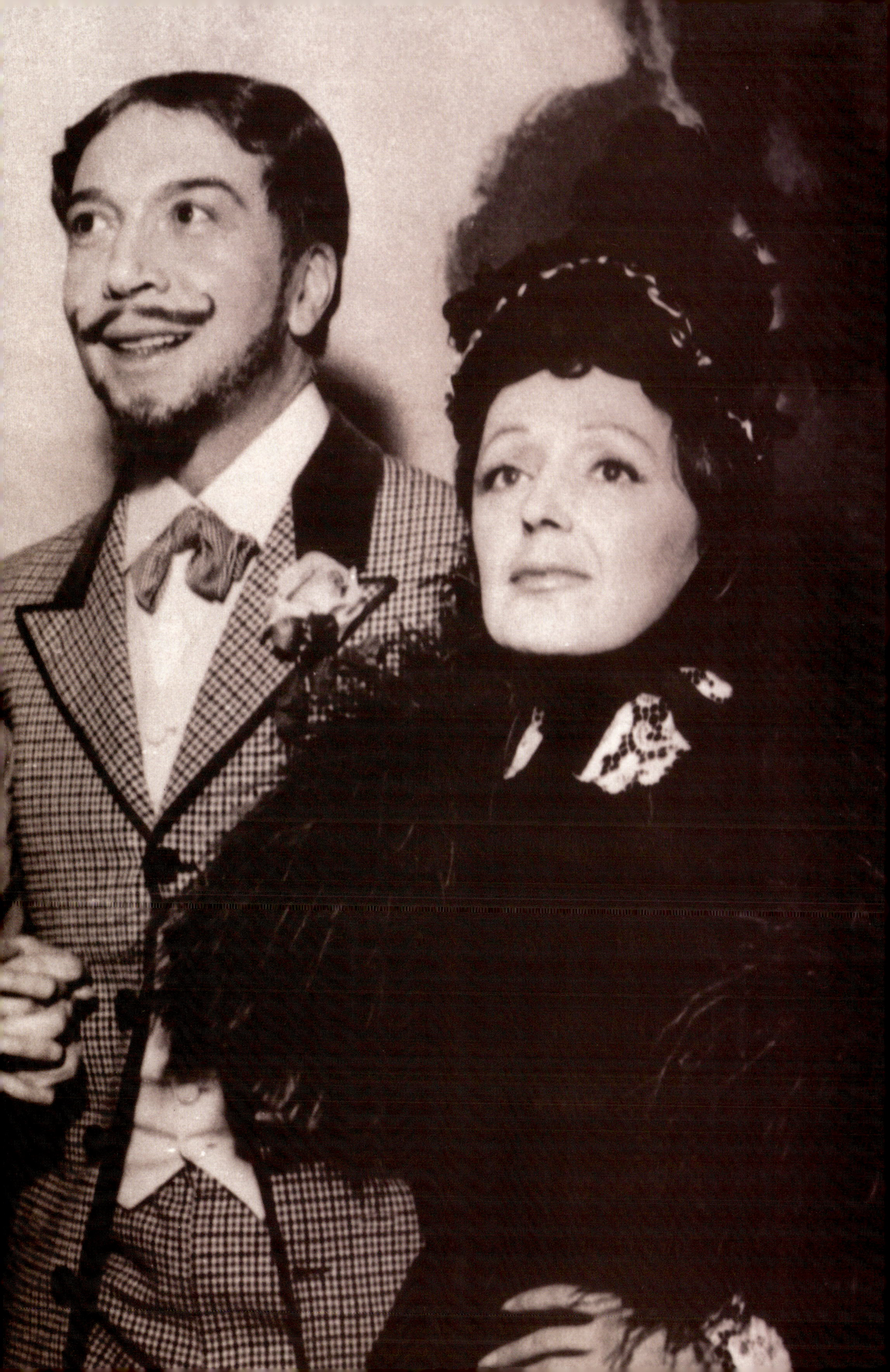

1954

14 de maio de 1956. Os "bravos" do *music hall* são entregues a Édith Piaf e Gilbert Bécaud, ao vivo do Théâtre de la Gaîté-Lyrique, no programa *La joie de vivre*, de Henri Spade. Dez anos depois, Édith canta "Les trois cloches" com os Compagnons. Página da direita: no palco com Jacques Pills, depois de cantar "Et ça gueule ça, madame".

Pour Vous Grande Dame de la chanson du monde.
Gilbert Bécaud

* Para a grande dama da canção do mundo.
Gilbert Bécaud

EDITH PIAF

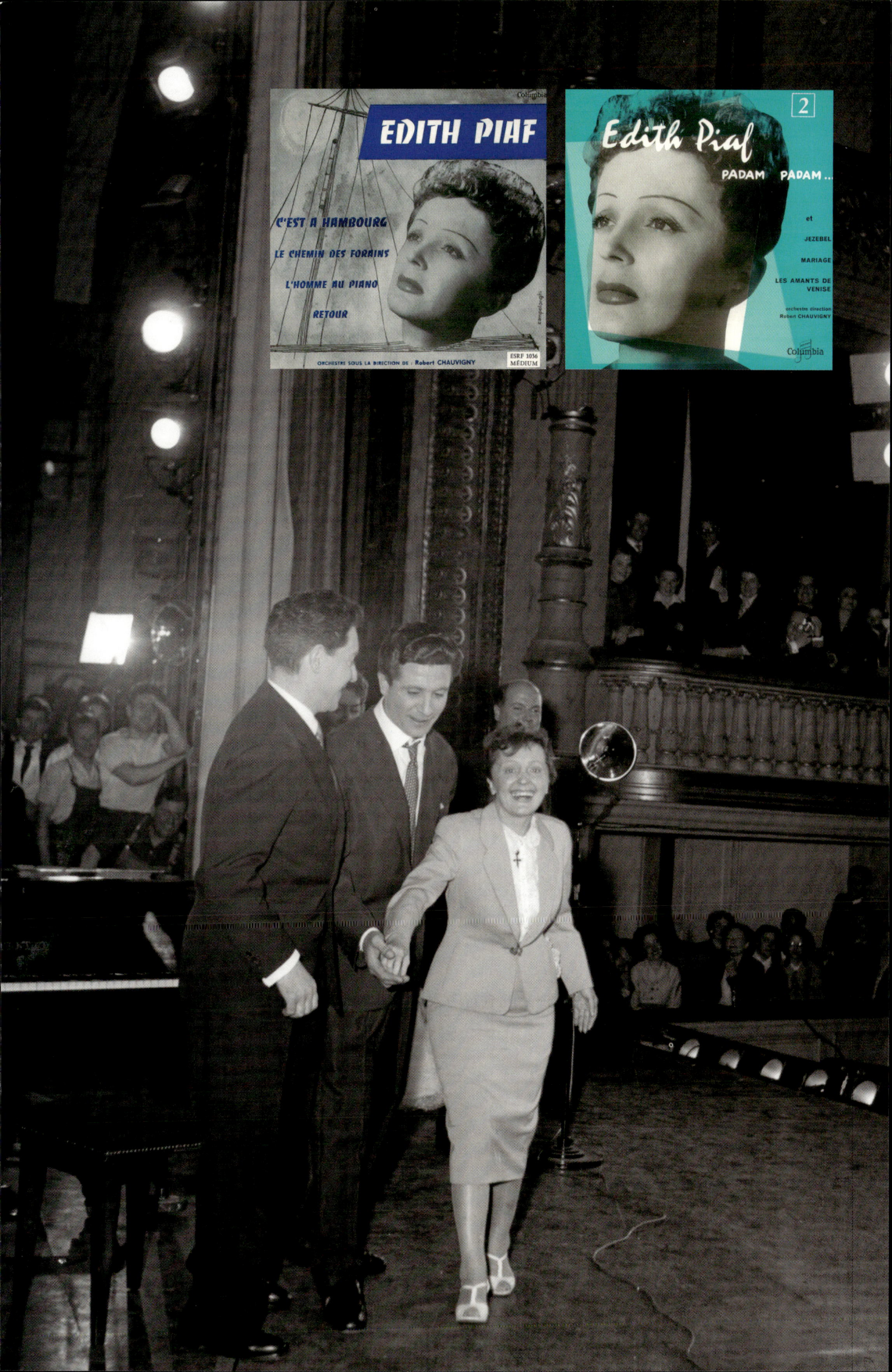

- C'EST A HAMBOURG
- LE CHEMIN DES FORAINS
- L'HOMME AU PIANO
- RETOUR

ORCHESTRE SOUS LA DIRECTION DE : Robert CHAUVIGNY

ESRF 1036 MÉDIUM

Edith Piaf
PADAM PADAM...

et
JEZEBEL
MARIAGE
LES AMANTS DE VENISE

orchestre direction
Robert CHAUVIGNY

Columbia

1954

RADIO 54 télévision

Nº 490 — SEMAINE DU 14 AU 20 MARS 1954 — PRIX : 30 frs

Un couple d'amoureux célèbres,

EDITH PIAF, JACQUES PILLS

vient d'enregistrer un « *bouquet de chansons* » pour Radio Monte-Carlo.

Página da esquerda: abraço em São Paulo, em 22 de maio de 1957; embaixo: passeio na Canebière, em Marselha, em 28 de dezembro de 1954.

1954

"A senhora tem uma voz capaz de perturbar a ordem pública. Enfim, chegou a sua vez: espero que a senhora coloque a França em estado de revolta."
Sacha Guitry

Si Versailles m'était conté, 16 de fevereiro de 1954, nos cinemas Gaumont-Palace e Berlitz.

1954

Acima: cartaz do filme *Paris chante toujours*, de Pierre Montazel, que estreou em 23 de janeiro de 1952 nos cinemas Paramount e Élysées-Cinéma. Ao lado: Estúdio Francœur, em 6 de novembro de 1951. Édith com um figurante, Gérard Chatry, durante a sequência de "L'Hymne à l'amour".

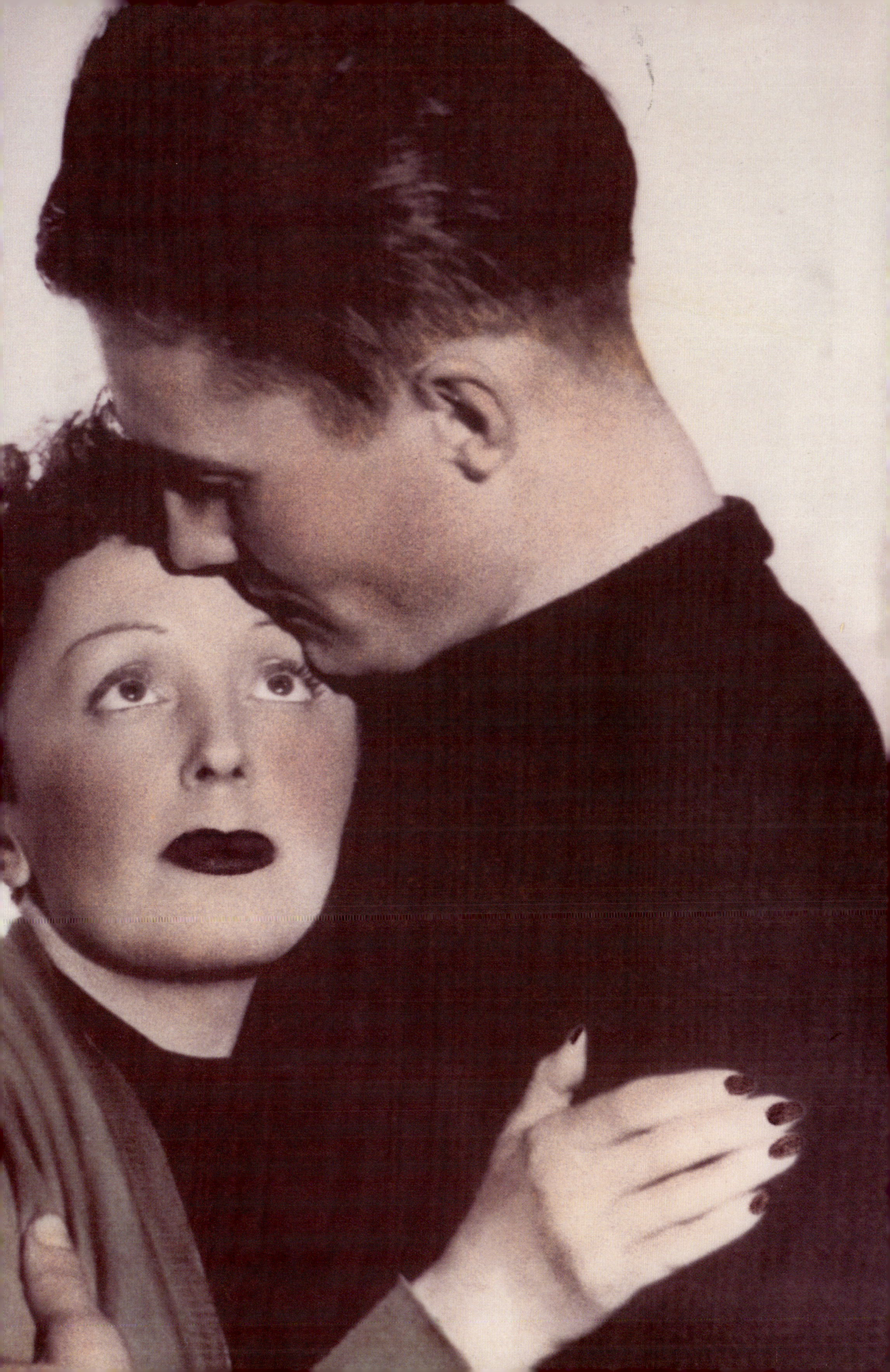

1954

No Olympia, com Marcel Amont e a transformista Claire Feldern. Página da direita: Marcel Amont, jovem galã contratado como extra do programa.

141

o palco

Ao contrário de Mistinguett e Joséphine Baker, que fizeram carreira tanto pelo talento como dançarina quanto pelo de cantora, Piaf nunca cedeu às leis do cabaré-espetáculo.

Bruno Coquatrix é testemunha do seu início de carreira: "Naquela época, Édith não se movimentava no palco, ela se plantava com as pernas abertas, as mãos apoiadas na cintura, os dedos abertos. Não era lá muito bonito de se ver...".

Mas a Môme logo aprendeu a tirar a mão do bolso. Admirando Marie Dubas em cena, ela entende como os gestos completam as palavras. Para Édith, a partir de então, a emoção passa tanto pela expressão do rosto, pelo peso do olhar, pela dança das mãos, quanto pelo canto.

Em "L'accordéoniste", "a prostituta está triste", não dança ao som da *java*, mas suas mãos sensuais sobem por seu corpo, como as carícias do amante.

> A emoção penetra em sua pele
> Por baixo, por cima...[1]

À medida que as estrofes se encadeiam, ela é levada pela tristeza, os braços não se abraçam mais e caem inertes até o próximo ápice dramático. Então, no fim, um grito pungente escapa de suas entranhas: "Parem! Parem a música!". Édith, desesperada, esconde o rosto no braço dobrado, com os punhos fechados, crispados: o público chora com ela. Em "La foule", as mãos balançam para frente e para trás em um turbilhão incessante. E o público é tragado por essa espiral infernal.

> Levada por uma multidão que se lança
> E que dança
> Uma louca farândola
> Sou levada para longe...[2]

Como Damia antes dela, Piaf escolhe um estilo apurado, vestido preto sobre fundo preto, do qual se destacam apenas os braços e o rosto "de testa de Bonaparte". A partir de então, o jogo sutil de iluminação ressalta cada movimento, do franzir das sobrancelhas ao levantar de um dedo. A grande dançarina e coreógrafa do começo do século XX, Isadora Duncan, dizia: "Desde o começo, eu danço apenas a minha vida". Já Piaf dança suas canções. A seu modo, cada gesto acentua uma palavra aqui, uma emoção acolá. "Mon Dieu", por exemplo, ultrapassa a simples interpretação e transforma-se em oração: as mãos juntam-se, entrelaçam-se com fervor. Com os olhos erguidos para o céu, Édith balança de um lado para o outro, lentamente, progressivamente, dignamente.

> Deus Meu! Deus Meu! Deus Meu!
> Deixai comigo
> Ainda um pouco
> Meu amado[3]

E até mesmo o público mais pagão, agnóstico, ateu e anticlerical pode suplicar com ela. Piedade! Não leve o seu amor, ela só está pedindo um pouco mais de tempo!

Se o corpo tem sua linguagem, Piaf soube colocá-la, admiravelmente, em cena para servir a suas canções. Ela não precisa de "chacretes" nem de "*moonwalk*", apenas de suas mãos que desenham arabescos brancos, de seus braços que se abrem generosamente para o público, desse rosto no qual todas as emoções do mundo podem ser inscritas. De "não era lá muito bonito de se ver", seus gestos se tornaram únicos. Pois, não nos esqueçamos, o amor e as emoções, tudo isso "é físico".

---

1. "Ça lui rentre dans la peau/ Par le bas, par le haut..." (N.T.)
2. "Entraînée par la foule qui s'élance/ Et qui danse/ Une folle farandole/ Je suis emportée au loin..." (N.T.)
3. "Mon Dieu! Mon Dieu! Mon Dieu!/ Laissez-le-moi/ Encore un peu/ Mon amoureux!" (N.T.)

"La vie en rose" no Versailles em Nova York, em 22 de fevereiro de 1948. Página da direita, no alto: "L'accordéoniste", de Michel Emer; embaixo: "L'hymne à l'amour".

"Quando calculo meus gestos, quando eles perdem a espontaneidade que os tornam autênticos e 'válidos', quando 'sinto' menos a canção, é hora de tirá-la do meu repertório."

o palco

"L'accordéoniste"
no palco do cinema
Alésia, em Paris.

Ao lado e nas duas páginas seguintes: reportagem de Maurice Seymour em Chicago, em abril de 1955. Poses inéditas. Canção: "C'est à Hambourg".

o palco

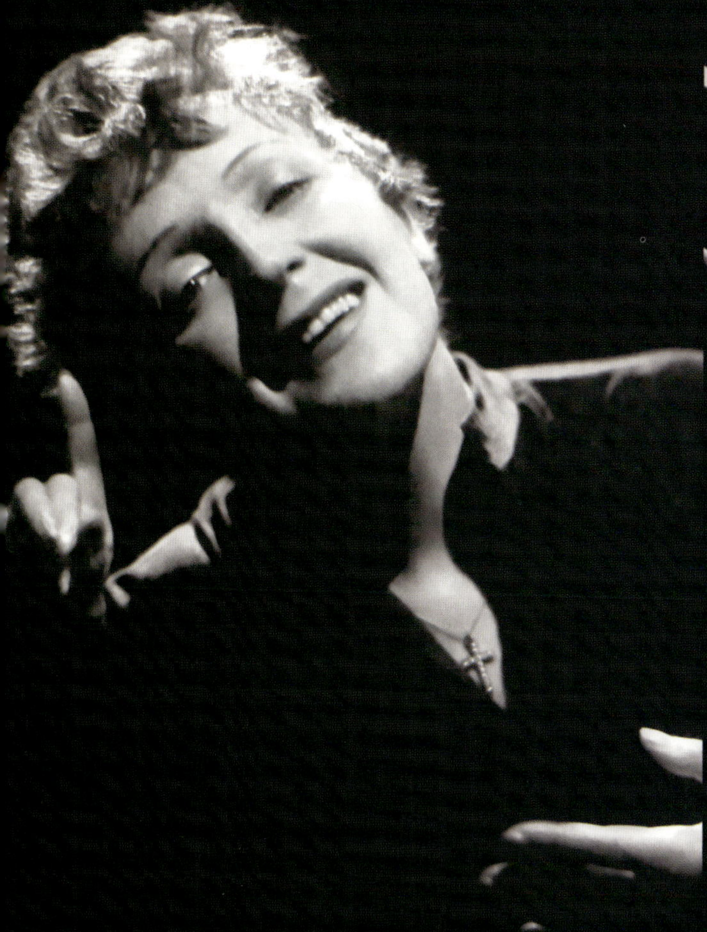
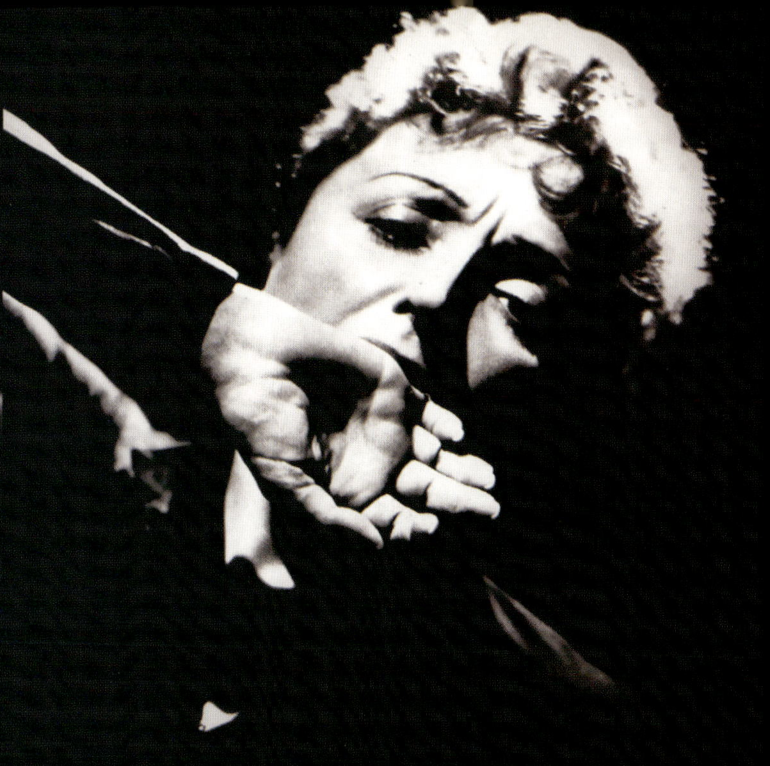
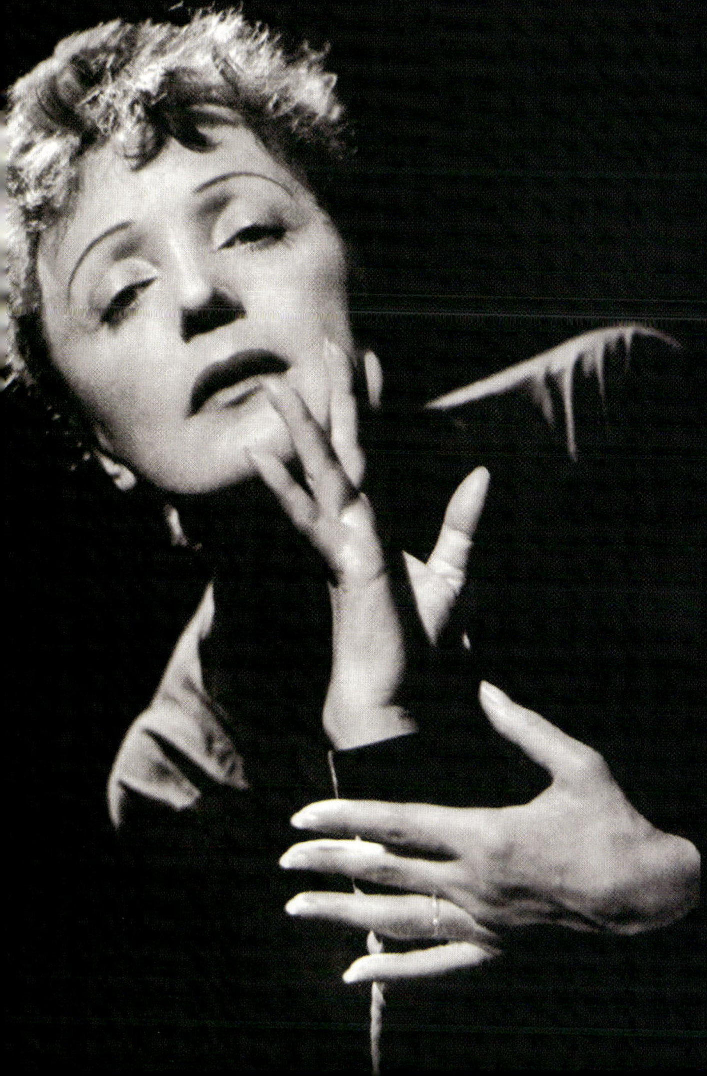
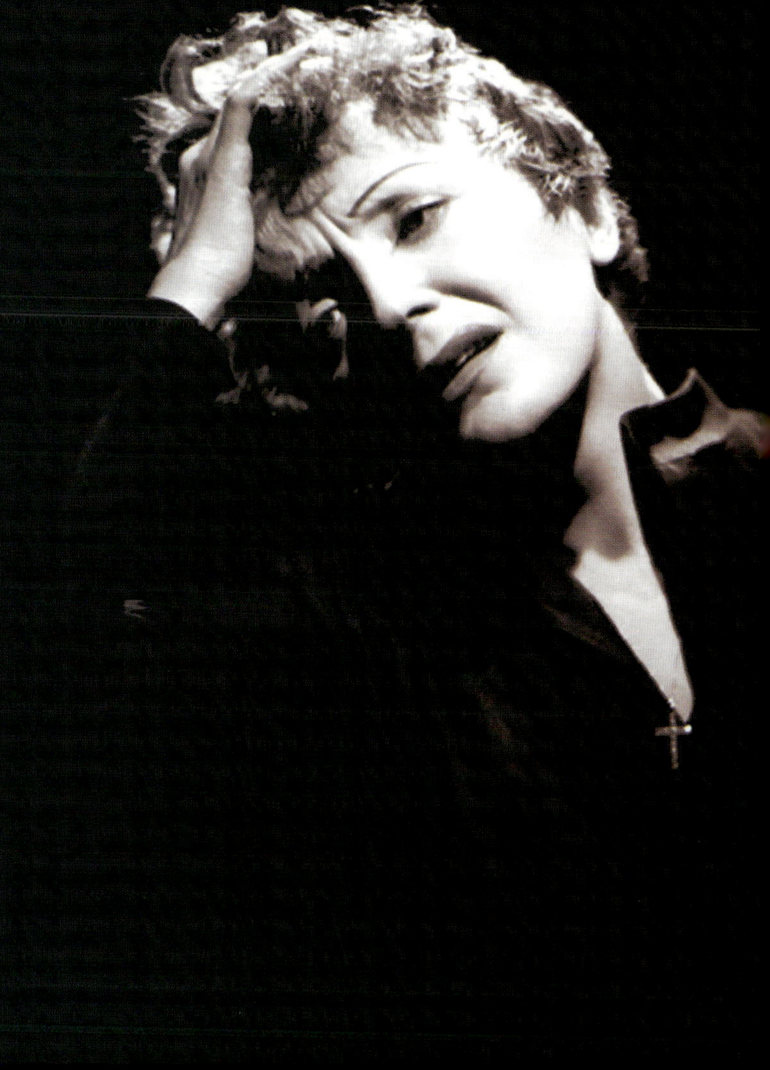

o palco

"Le petit homme" em Estocolmo, em 31 de maio de 1946. Durante toda sua vida, Marc Bonel conservou essa foto de Édith em sua carteira, em cima de seu coração. Página da direita: 21 de novembro de 1947, no Waldorf Astoria de Nova York.

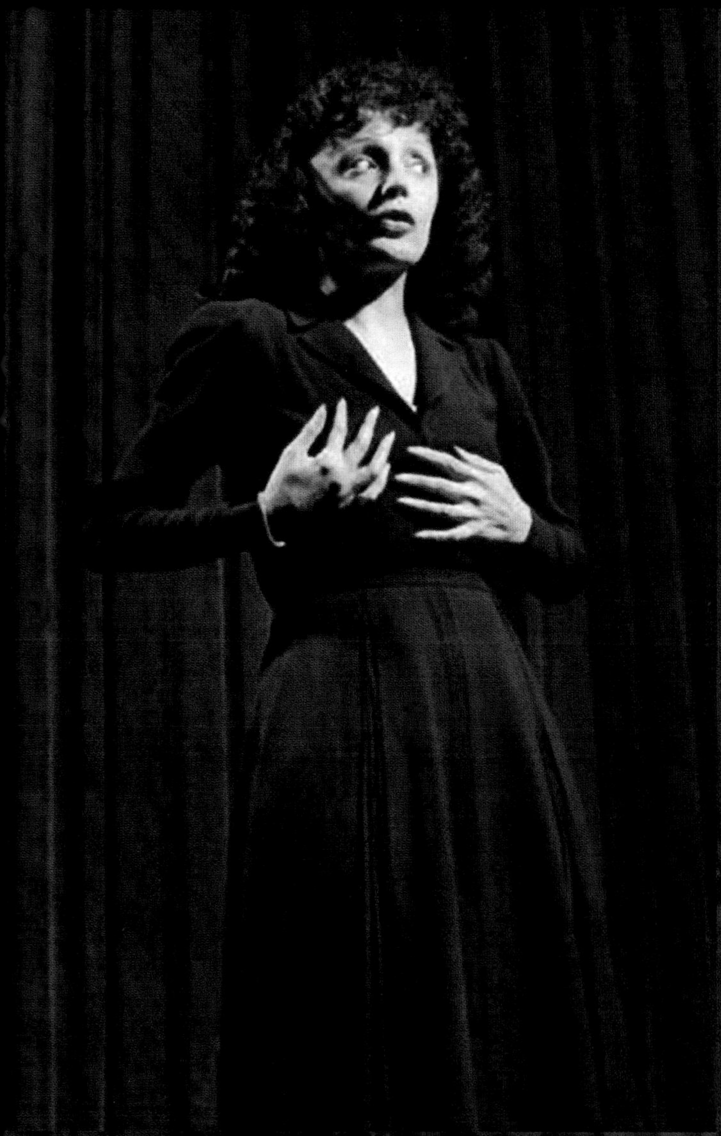
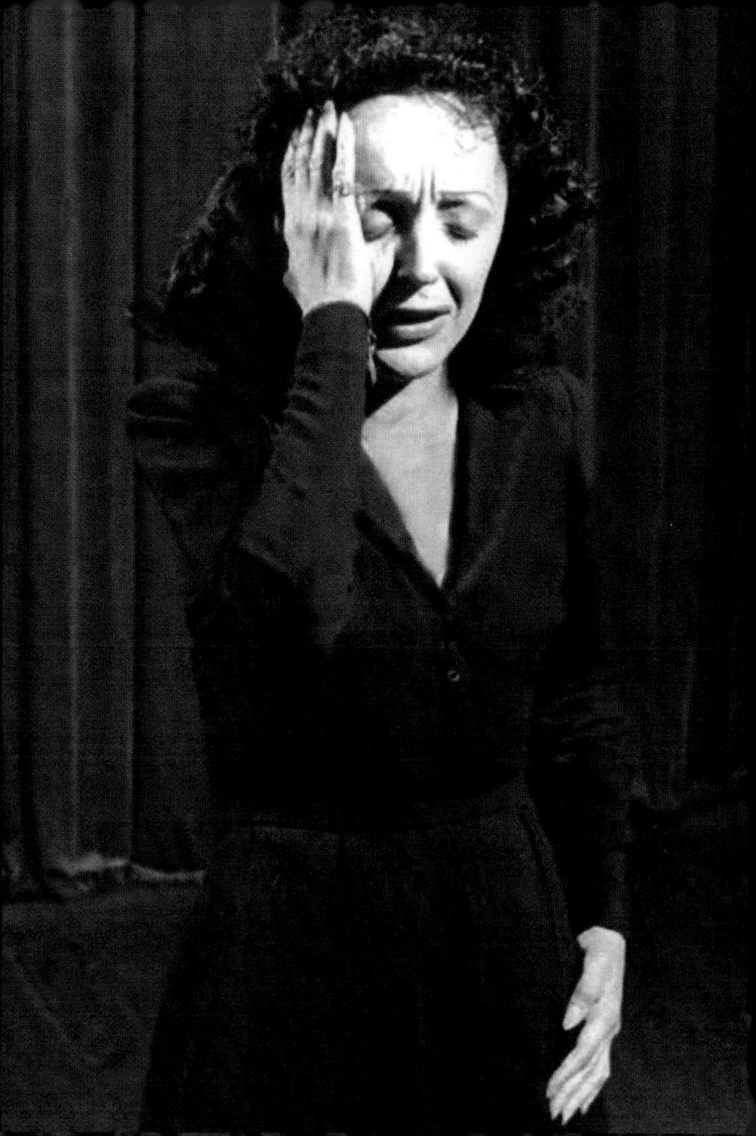
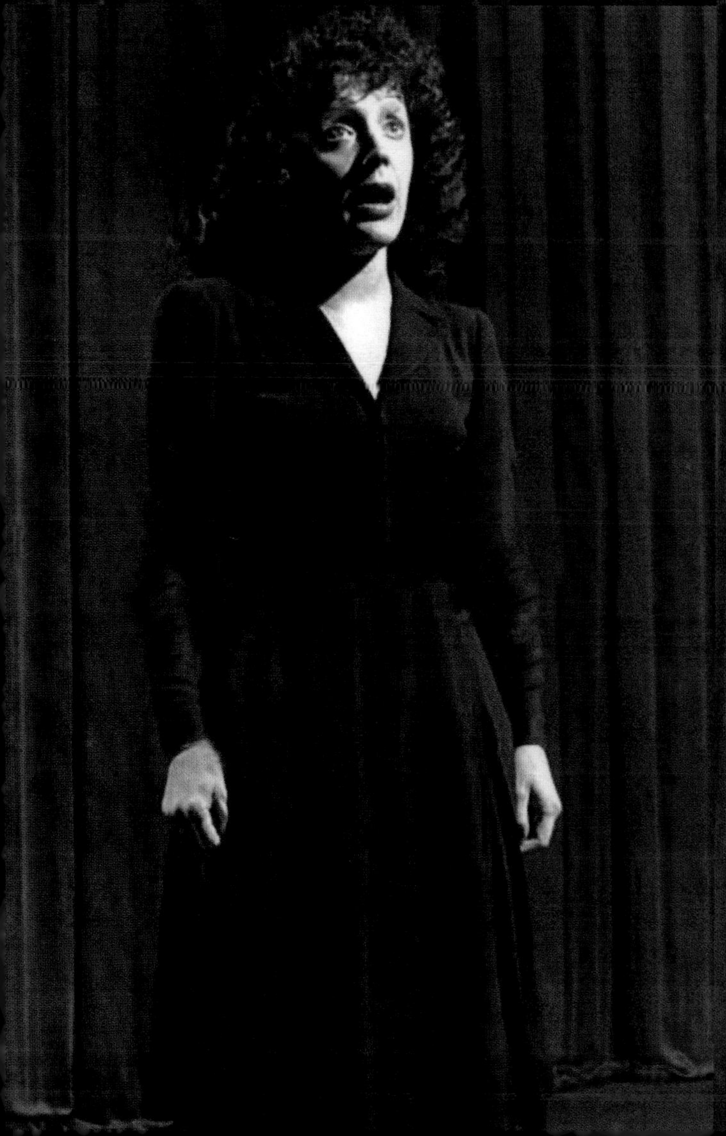
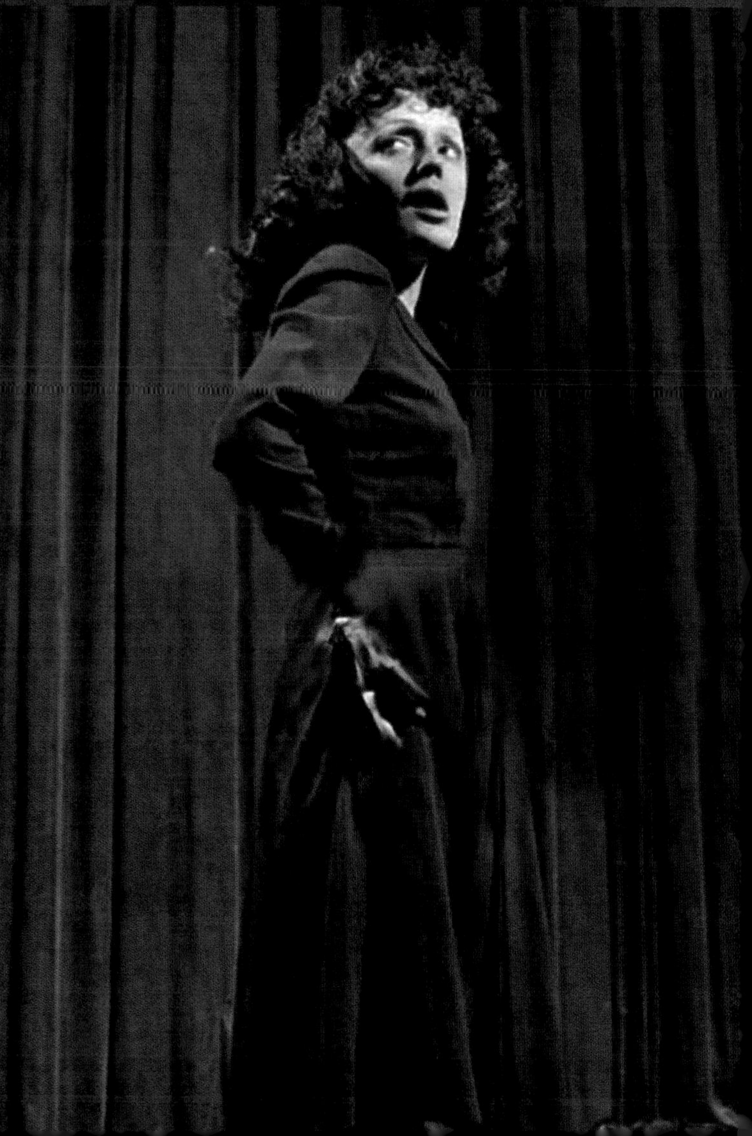

1955

"Ela quer abraçar tudo, ela abraça tudo. Ela renega as velhas regras da prudência da profissão de estrela!"
Maurice Chevalier

No momento em que o general Eisenhower aconselha Édith a se poupar e ela lhe responde que isso seria impossível. Ele diz uma frase que se tornou o lema de sua vida: "Better live than vegetate..." (É melhor viver do que vegetar...).

No alto: com Eddie Constantine e o general Eisenhower. Embaixo: com a nora do general Eisenhower.

1955

CARNEGIE HALL CONCERT
WED. EVE., JAN. 4

PIAF

and at home... on

Angel Records

"PIAF OF PARIS"
8 thrilling songs,
including *Ça Ira, Enfin le Printemps,
Sous le ciel de Paris, Mea culpa...*
"Like taking a trip to Paris." *Art Digest*
10-inch record   Angel 64015 ($2.98)

PIAF TONIGHT
Just released... 12 exciting, wistful,
desperate, enchanting songs... including *C'est à Hambourg, Bravo pour le
Clown, Miséricorde, L'Accordéoniste,
Les Amants de Venise, Jean et Martine.*
12-inch record   Angel 65024 ($3.98)

At all good record shops

Consagração no Carnegie Hall: com a entrada em cena dessa pequena mulher, o mundo dos becos sombrios e barulhentos, das ruas e dos botecos decadentes mergulham de repente no ritmo da música clássica. O público era tão grande, que foi necessário acomodar alguns espectadores no palco. Piaf se apresentou duas vezes no Carnegie Hall: em 1956 e em 1957. Em 1959, um concerto foi cancelado porque ela havia sido internada.

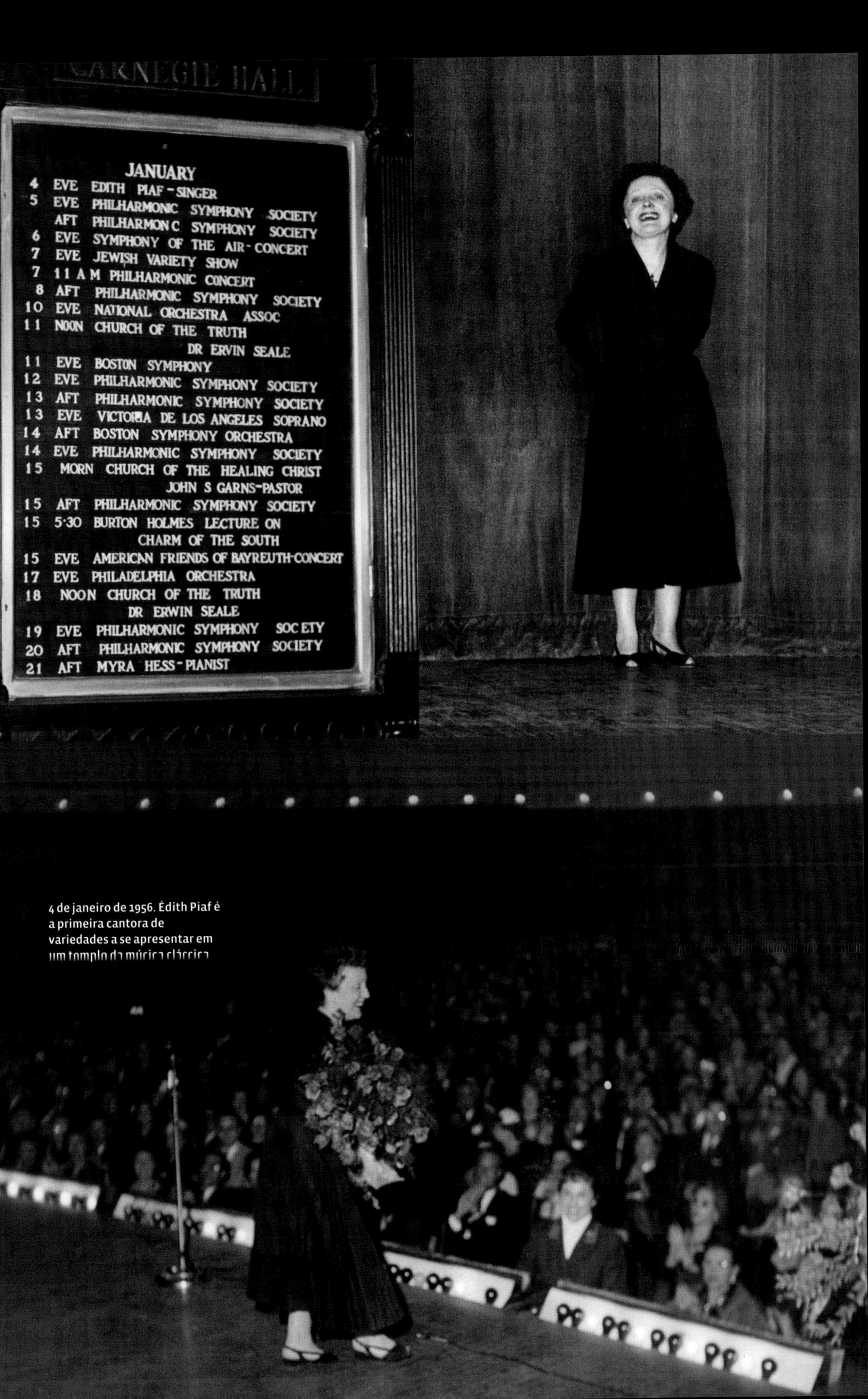

4 de janeiro de 1956. Édith Piaf é
a primeira cantora de
variedades a se apresentar em
um templo da música clássica.

1955-1956

Ensaios com Danielle e Marc Bonel para "C'est à Hambourg". Embaixo: almoço íntimo, em 3 de março de 1956, no hotel Cambridge House, em Nova York.

No alto: depois de uma apresentação de gala em Toronto, em 1956. No centro: com Jacques Pills e os filhos de Marcel Cerdan, em 1955. Embaixo: com Félix Marten, em 1958.

1957

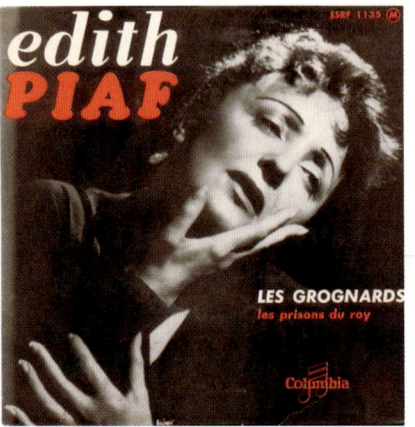

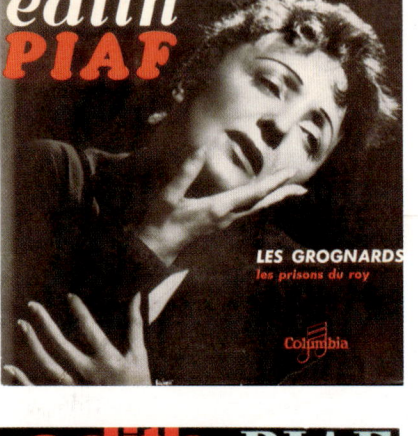

Página da direita: saindo de cena depois de "La foule" no Olympia, em 1958. Embaixo: com Michel Emer (à direita) e Marcel Blistène.

"Você acha que eu cantaria assim se não estivesse me consumindo em chamas?"

1958

Piaf fez cem apresentações no Olympia. Caso único até então no *music hall*. Ela começou em 6 de fevereiro e terminou em 10 de abril, alternando matinês e *soirées*.

"Faz-me muito bem rezar, olhar e falar com Jesus. Eu me sinto outra mulher."

Merci de m'avoir donné la joie de fêter une "100ème" à l'olympia !

Édith Piaf

* Obrigada por me ter dado a felicidade de festejar meu "centésimo" espetáculo no Olympia!

Édith Piaf

1958

Com René-Louis Lafforgue, depois do Olympia.

Disco lançado na URSS, em 1958. Piaf nunca foi até lá...

No Grande Hotel de Noailles, em Marselha, com Germaine Ricord e Félix Marten, em 18 de janeiro de 1958. Embaixo: no palco do Théâtre des Variétés, em Marselha, em 12 de janeiro de 1958.

"Sua voz continua viva e nunca deixará de nos emocionar. Não é isso a imortalidade?"
Michèle Morgan

Édith e Michèle Morgan no camarim do Olympia, em março de 1958. Ao lado, à esquerda: com Jean Constantin ("Mon manège à moi"); à direita: felicitações de Pierre Brasseur.

1958-1959

Deauville, em 20 de julho de 1958. Édith Piaf, Michel Rivgauche, Germaine Ricord e Jo Moustaki.

"Ela era uma mulher do povo. Nada nunca a tirou dele. Ela integrava o povo em todas suas emoções."

Georges Moustaki

Aterrissagem às 9 horas no aeroporto de Orly, em 21 de junho de 1959, com Douglas Davis. À direita, Bruno Coquatrix.

1959

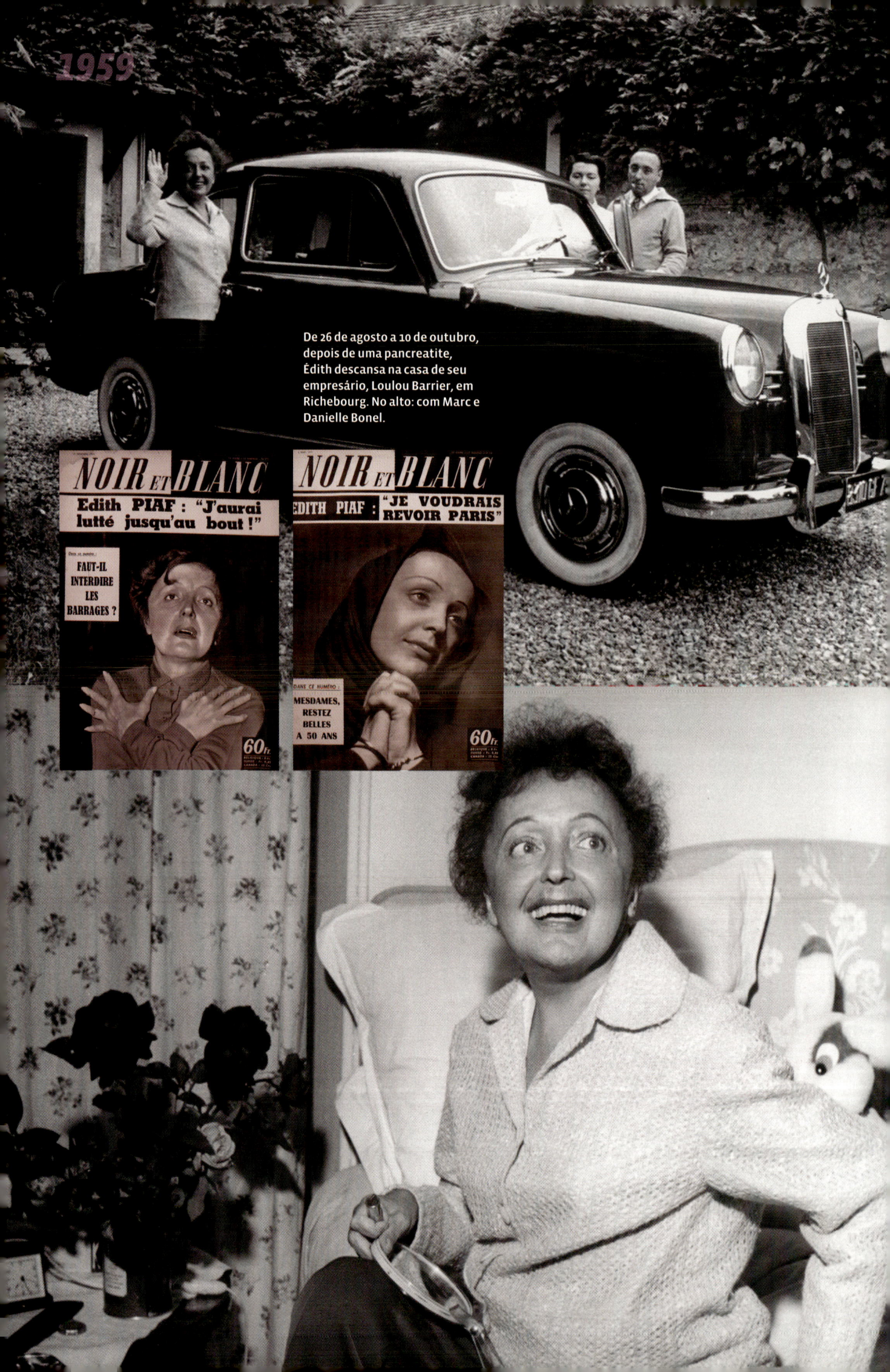

De 26 de agosto a 10 de outubro, depois de uma pancreatite, Édith descansa na casa de seu empresário, Loulou Barrier, em Richebourg. No alto: com Marc e Danielle Bonel.

Em 20 de novembro de 1959, Piaf faz sua primeira apresentação no cinema Les Variétés. Marlene vai se encontrar com ela em Melun.

Os Bonel

Para os fãs incondicionais de Piaf, admiradores e apaixonados, um encontro com Danielle e Marc Bonel é inesquecível. O casal acompanhou a grande intérprete por mais de quinze anos. Marc, acordeonista unido a Édith pela música, amigo de todas as horas; Danielle, dançarina incomparável, nos palcos desde a infância, companheira de todos os instantes e confidente de alegrias e tristezas. Eles devem a Édith o primeiro encontro, o amor e o casamento.

Bem-vindos ao domaine de la Pélagie, uma bela construção de pedra talhada, um jardim verdejante... Aqui, os Bonel abrem as portas de seu universo e de sua memória. A alma de Piaf mora nessa casa. O casal mantém a memória da cantora com carinho e nos revela, a cada encontro, não a Môme, nem a grande dama da canção, mas pura e simplesmente Édith. Aliás, Danielle avisa: "Se eu fosse Édith, mostraria a língua para vocês".

A visita começa pelo museu pessoal organizado em sua honra: roupas, casacos de pele, acessórios... Aqui, o vestido do casamento com Jacques Pills, escolhido por Marlene, com a bolsa e o chapéu que ela usava. E, na bolsa, pente e cartões de parabéns se misturam de qualquer jeito, como se estivéssemos na festa. Não falta nada. Danielle se lembra de Nova York e de todas as aventuras que elas viveram, a Suécia, a Suíça, a França inteira, os Estados Unidos. Ela resume esses quilômetros de estradas de ferro e asfalto, as travessias marítimas e as nuvens sobrevoadas: "Fiz muitas viagens com vestidos e sapatos na mão". Ela conta, explica, comenta: "Vejam só como eram práticas as turnês naquela época!". Mas, apesar dos trens velhos, se divertiam muito. Ali, as cores do guarda-roupa, tão vivas quanto o lilás do tailleur usado nas embaixadas, contrastam com o preto dos trajes de cena.

No fundo, há duas pequenas câmeras, bem ao lado de um velho fonógrafo vermelho. Danielle as pega e exclama: "As câmeras de Marc... Quantas lembranças nessas duas pequenas caixas!". Mistinguett e Piaf, hoje e sempre, os piqueniques, os Compagnons, Pills, Loulou Barrier. No programa, diversão verdadeira e amizade fraterna. A ex-dançarina vê o passado em imagens. Os homens e as mulheres da sua juventude, as turnês, as viagens, os amigos, os amantes e os amores... Histórias engraçadas por todos os lados. Como Marcel Boniface – nome que Édith achava hilariante, mas pouco propício a uma grande carreira – tornou-se Marc Bonel...

No jardim, o Mercedes impera, inalterado... O motor ronca. A gente se imagina naquele tempo. Próxima etapa da visita: o pombal que o casal tinha construído para ela. Édith morreria antes de poder encontrar refúgio nesse ninho sossegado. Dele, ela só veria a planta. Com carinho, a dona do Pélagie confessa: "Eu sinto, no entanto, a presença dela aqui, esse pombal é dela, foi feito para ela".

Quando Marc fala de Édith, as palavras são notas, as frases, uma melodia. Com seu acordeão nos braços, ele toca um refrão e nos embala no ritmo de um baile ao ar livre. A música foi uma paixão em comum, o laço entre eles. Quando mencionamos as críticas, as mesquinharias que ela teve de aguentar, sobretudo depois de morta, ele defende a amiga com fervor e raiva: "As pessoas dizem coisas sem saber, nós temos as provas.".

Aproveitadores ainda tiram vantagem do nome dela, espalham documentos e testemunhos falsos. Um negócio rentável... Os Bonel são gatos escaldados. Os exageros e as mentiras custam a desaparecer da lenda de Piaf. O mito da cantora da Paris popular, profundamente arraigada em nosso imaginário coletivo, ofusca qualquer tentativa de objetividade. Estabelecer a verdade é uma missão impossível. Mas o casal não desanima. Seja pelo livro que escreveram, seja por depoimentos, eles defendem a Édith autêntica, humana e sempre única. Os olhos da amiga eram pretos? De maneira nenhuma! Eram de um azul puro e profundo.

O acordeonista abre então a "caixa de lembranças", um baú de madeira repleto de cartas, chaves, e mais fotos... e a chave do caixão da artista. A memória de Piaf está bem guardada aqui. Os Bonel nos ofereceram, calorosamente, um "pedacinho" de Édith, um presente maravilhoso.

1. Fevereiro de 1923, Danielle, com três anos e meio, em um filme de Henry Roussel em que ela interpretava o irmão da grande vedete Raquel Meller. 2. Fevereiro de 1924. Um ano depois, no filme *Le loup-garou*, inspirado no romance de Alfred Machard. 3 e 4. Danielle, dançarina desde os oito anos.

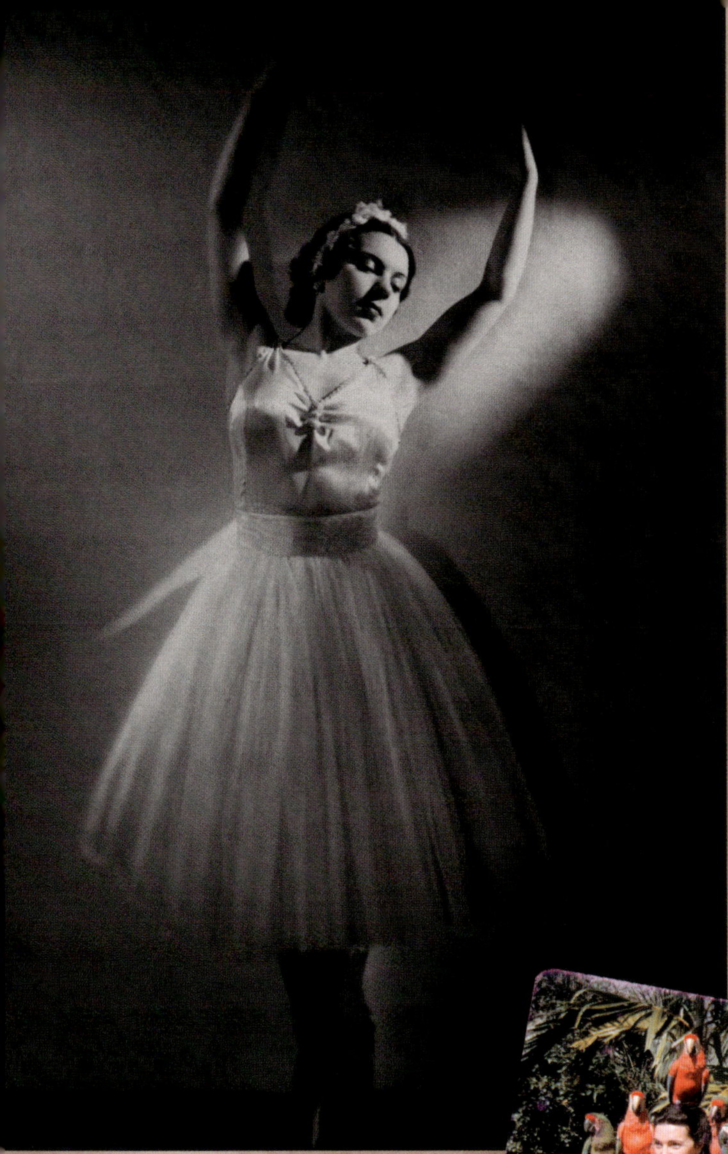
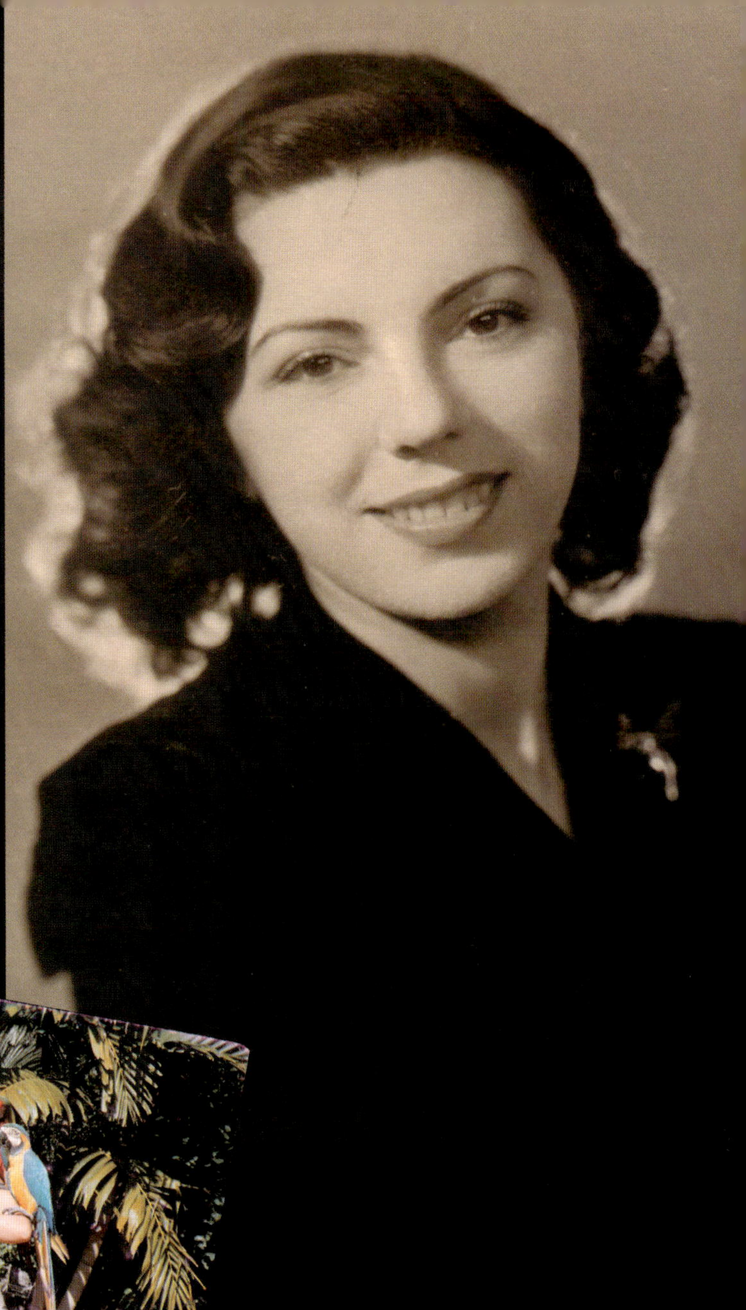
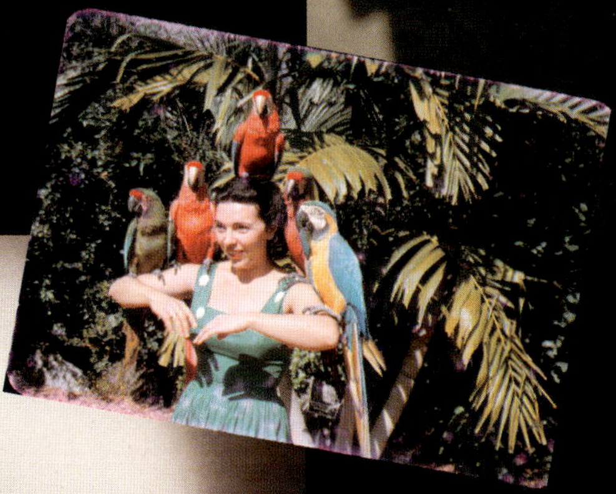
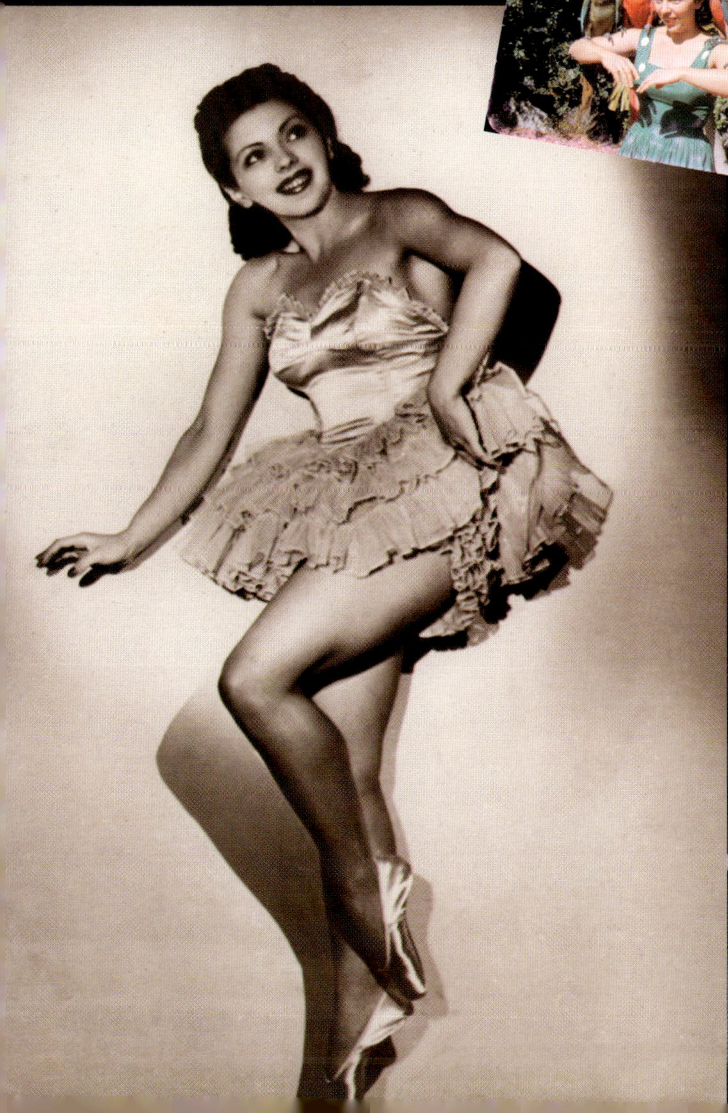
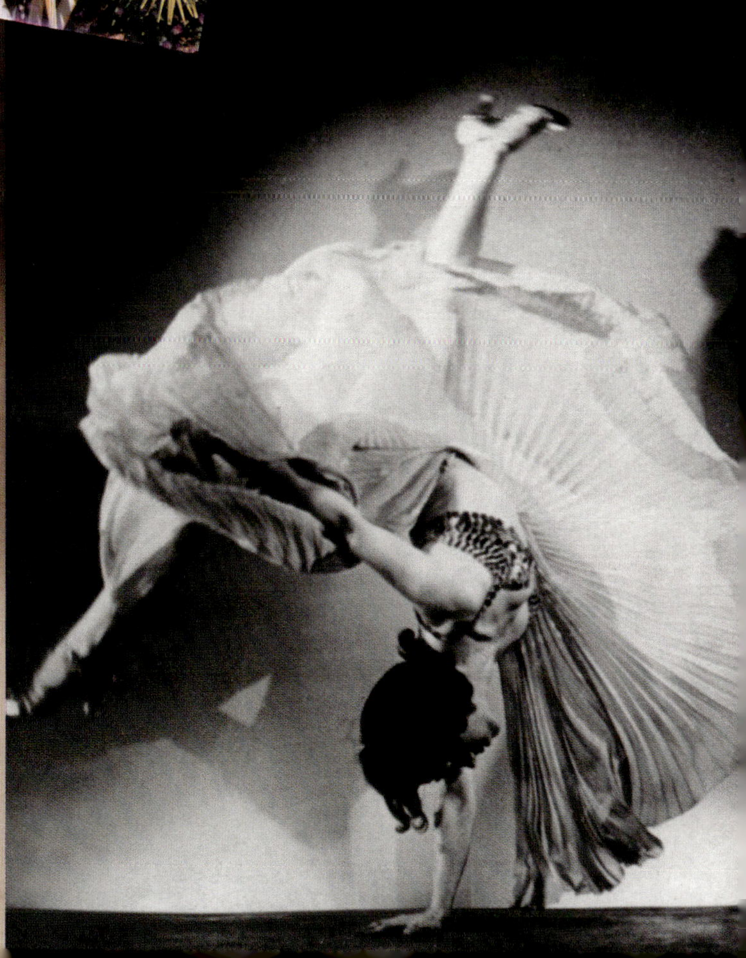

Brise d'Avril
La Belle Bleue
Deux Valses de
V. MARCEAU
Pathé
Le Virtuose Accordéoniste Marc BONEL, des Disques PATHÉ
sur Accordéon CAVAGNOLO
Editions V. MARCEAU, 82, Faubourg Saint Martin, PARIS X°
FATALITÉ
TANGO DU RETOUR
2 Tangos typiques
Chantés.
Paroles de
Paule Delyl
Musique
de P. et E
Cavagnolo
EDITIONS
Cavagnolo
Faubourg St MARTIN PARIS X°
UN REFRAIN COURAIT
DANS LA RUE
VALSE
R. CHAUVIGNY
SPECIAL POUR ACCORDEON
AVEC
INDICATION DES BASSES
ALEXANDER
E. PRUD'HOMME
LES
GRANDS
AS
DE
L'ACCORDEON
MARCEAU
L. FERRARI
M. BONEL
DEPRINCE
E. LORIN
EDITIONS
ARPEGE
EDITIONS PAUL BEUSCHER

1. Marc aos dois anos, de "p'tit Quinquin". 2. Durante o serviço militar. 3. Aos dezessete anos, com seu primeiro acordeão. 4. Édith e Marc em Montreal, em 1955. 5. Acompanhador da "Miss" [Mistinguett] durante um ano e meio. Aqui, em 1943, no Alhambra, na revista "Paris Paname".

O pudor e o carinho de Édith.

CHATEAU MARMONT
8221 SUNSET BOULEVARD
HOLLYWOOD 46, CALIFORNIA
HOLLYWOOD 9-2911

1956

Ma douce Danielle

Je ne m'épanche pas très souvent mais je tiens à te dire que je t'admire en tant que femme et que j'ai très souvent des envies furieuses de t'embrasser mais qu'une pudeur stupide me paralyse.

Aussi une fois pour toutes saches que je t'aime profondément et que je suis heureuse quand je te sens heureuse.

Je t'embrasse ma douce si douce petite Danielle

edith

1. Festa de gala no transatlântico *Île-de-France*, voltando de Nova York em 1955. 2. Em 1951, em frente à casa de Combs-la-Ville, antes do casamento. 3. Em Miami, em 1956. 4. Verão de 1983.

1959

Em 24 de agosto de 1959, no camarim do cassino de La Baule. Embaixo: em 8 de maio de 1959. Édith grava nos estúdios Capitol, nos Estados Unidos, "Milord" (letra de Georges Moustaki, música de Marguerite Monnot). A canção foi um grande sucesso na França, enquanto Édith permanecia internada nos Estados Unidos.

* Bruno Coquatrix
A Édith, eternamente.

Em 5 de fevereiro de 1958, no cinema Le Cyrano, em Versalhes, antes da estreia no Olympia, no dia seguinte. Édith nas coxias com Bruno Coquatrix, Danielle Bonel e Alain Delon.

1959

Em 14 de março de 1959, no quarto 1172 do Presbyterian Hospital, em Nova York, Douglas Davis desenha três retratos de Édith que permanecem inéditos (abaixo, dois deles). Página da direita: Maurice Chevalier em visita. Embaixo: Mario, cabeleireiro de Édith, penteia com cuidado a vaidosa cantora.

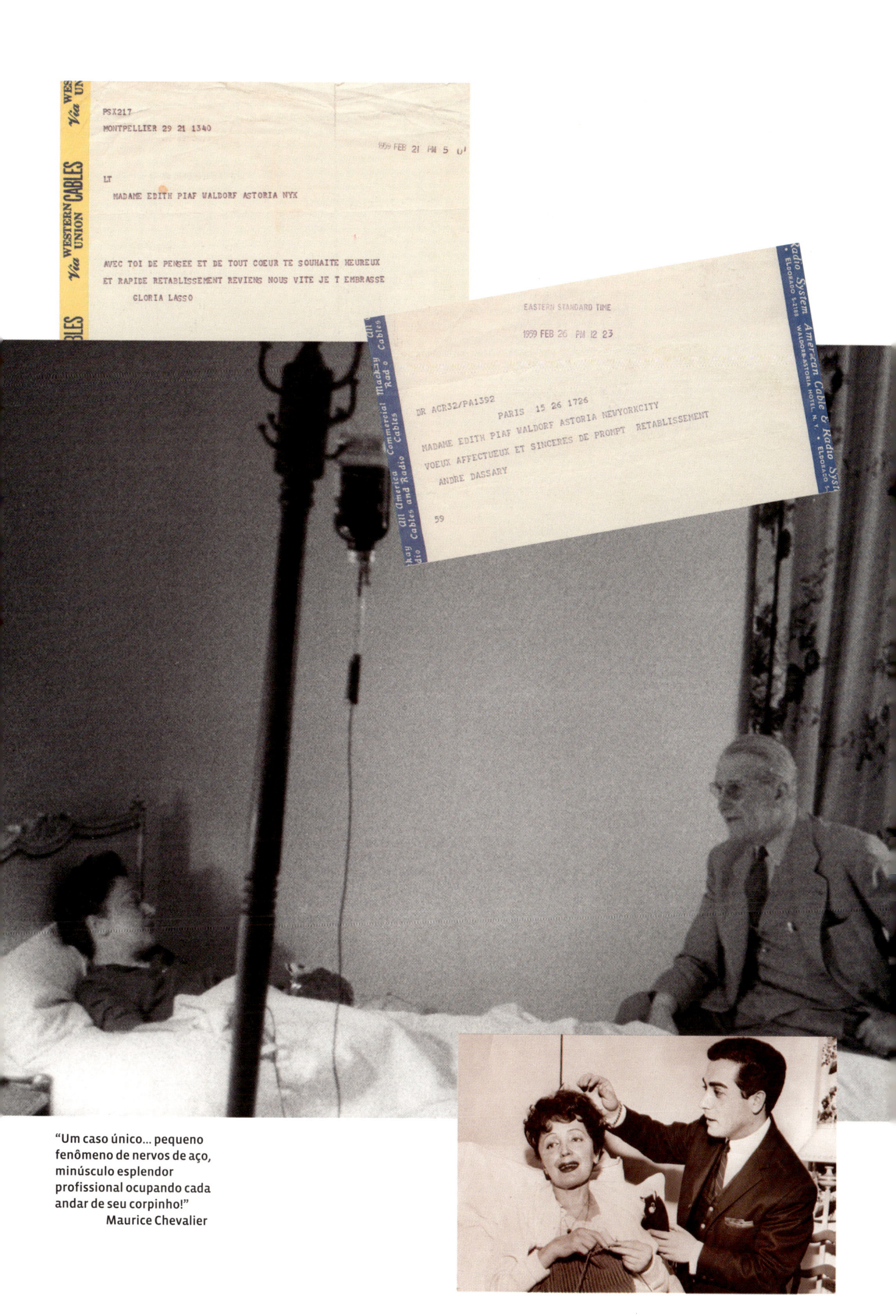

```
PSX217
MONTPELLIER 29 21 1340                              1959 FEB 21 PM 5 0

LT
    MADAME EDITH PIAF WALDORF ASTORIA NYK


AVEC TOI DE PENSEE ET DE TOUT COEUR TE SOUHAITE HEUREUX
ET RAPIDE RETABLISSEMENT REVIENS NOUS VITE JE T EMBRASSE
      GLORIA LASSO
```

```
                                    EASTERN STANDARD TIME
                                    1959 FEB 26 PM 12 23

DR ACR32/PA1392
              PARIS 15 26 1726
      MADAME EDITH PIAF WALDORF ASTORIA NEWYORKCITY
          VOEUX AFFECTUEUX ET SINCERES DE PROMPT RETABLISSEMENT
                ANDRE DASSARY

59
```

"Um caso único... pequeno fenômeno de nervos de aço, minúsculo esplendor profissional ocupando cada andar de seu corpinho!"
Maurice Chevalier

1959

Momento de descanso durante a filmagem do filme *Les amants de demain*, de Marcel Blistène, em janeiro de 1958.

1960

JOURS DE FRANCE — EDITH PIAF "Je repars à zéro"

Piaf ensaia "Non, je ne regrette rien" e "Mon Dieu".

os
escritos

"A cada dia primeiro do mês,
ela pegava um caderno novo
e escrevia: 'Hoje, uma nova
vida começa!'"
                    Louis Barrier

Os diários de Édith eram simples cadernos escolares, e ela mal teve tempo de ir à escola. É preciso dizer que ela não passou muito tempo em meio a bancos, carteiras, o quadro-negro e a poeira do giz. No entanto, a Môme debochada, que falava a gíria da Paris popular, amava as palavras. Sinceramente, ingenuamente, profundamente.

Desde o começo da carreira no Gerny's, o homem de letras Jacques Bourgeat inicia Édith no prazer do verbo bem colocado. Ela exprime seus desejos em uma carta de dezoito páginas – a Môme estava inspirada! – enviada de Lausanne em 1936: "Decidi aprender a escrever para não cometer mais erros. Você me dará aulas e eu farei as tarefas com prazer". Eles mantêm uma amizade sólida, recheada de inúmeras cartas, telegramas lacônicos e atenções diversas. Cartas e mais cartas, que o poeta confiou, generosamente, à Biblioteca Nacional. Por intermédio de "Jacquot", Piaf descobre o universo dos livros, a literatura.

Asso, por sua vez, explicava-lhe os textos. Cantar? Tudo bem! Mas uma intérprete deve entender o sentido das palavras para alcançar a essência de sua arte. Nada de fazer as coisas pela metade.

"Quando as palavras perdem o significado,
as pessoas perdem a liberdade."
            (Confúcio)

Timidamente, o pássaro levanta voo. Édith enche as páginas dos cadernos de listas, pensamentos, estados de espírito e trechos de canções.

Um refrão corria pelas ruas
Empurrando os pedestres,
Enfiando-se na multidão
Com um ar convidativo[1]
    ("Un refrain courait dans la rue")

Escrever é um sonho. Mas antes ela tem de passar pelo exame da Sacem. Enquanto isso, ela faz outras pessoas assumirem a paternidade de sua obra para poder interpretá-las. O problema foi resolvido em 1944, a jovem compositora assina com seu nome e se mostra particularmente prolixa: "Elle a", "Les yeux de ma mère", "La grande cité", "L'hymne à l'amour". Das mágoas de amor à alegria de viver, Piaf conjuga a vida em rosa e em cores.

Eles escutam as palavras de amor
Que você dizia...[2]
        ("Les amants")

A letrista admira os escritores que fazem garranchos de tinta, que enegrecem espaços virgens. E os escritores da época retribuem a admiração. Jean Cocteau, o "príncipe dos poetas", dedica pessoalmente uma peça de teatro a Édith e tem por ela uma afeição sincera. Ela sente um orgulho particular por essa reviravolta em relação a sua infância. Os pequenos cadernos se empilham, compilam anotações, diário e trabalho de redação. De página em página, de linha em linha, o leitor descobre outra Édith, mais íntima.

"As palavras são os passageiros misteriosos da alma." (Victor Hugo)

Vamos descobrir como ela é, palavra por palavra, e, dessa vez, calada.

....
1. "Un refrain courait dans la rue,/ Bousculant les passants,/ Y's'faufilait dans la cohue/ D'un petit air engageant..." *Un refrain courait dans la rue*, de Édith Piaf e de Robert Chauvigny, 1946. (N.T.)

....
2. "Ils écoutent les mots d'amour/ Que tu disais...", *Les Amants*, de Édith Piaf e de Charles Dumont, 1961. (N.T.)

os escritos

Manuscrito de "C'est l'amour", letra de Édith Piaf e música de Marguerite Monnot.

Rascunho do primeiro testamento de Édith. Ela teve de refazê-lo, porque tinha assinado "Édithe"... Ela não conseguia mais escrever por causa da dor causada pelo reumatismo.

La locataire du premier
Cette nuit ell' s'est suicidée
Tout l'monde est là sur le palier
La concierge est toute affolée
Qu'est-c' qui a bien pu se passer
Un' dam' t'avanc' tès au courant
Chagrin d'amour probablement
On s'en doutait depuis longtemps

Refrain
Heureusement qu'il y a des amants
Qui s'aiment, qui s'aiment
Il n'y a pas toujours
De malheureuse amours
De temps en temps
Il y a des amants
qui reviens, qui reviens
Il y'a des amours
qui rient avec toujours
Quelle chance, quelle chance
Pour l'amour

Inspiração de Édith: princípios de canções inacabadas.

Et quand sur mon passage
Passe un gars de vingt ans
Je revois mon image
Et souris très très doucement
Car j'ai peur de mes peines
Restera pour longtemps
Le regret
Mes rêves de vingt ans
Tout comme une rengaine
Resteront pour longtemps
accrochés à mes pas
Mes rêves de vingt ans

os escritos

Caderno das aulas particulares de inglês, dadas em casa, durante as estadias nos Estados Unidos. Édith também estudava espanhol e português.

> Lundi 1.º dicembre 1952
>
> First lesson
> My tailor is rich
> My tailor is not rich
> Our doctor is good
> Our doctor is not good
> cigarette — My book is finished
> cigarette — My book is not finished
> My parents are poor
> My parents are not poor
> Our books are interesting
> Our books are not interesting
> Your

Anotações, observações, organização do dia de Édith e de seus colaboradores (secretária, empresário etc.).

Instruções para os músicos Marc Bonel e Robert Chauvigny.

"Mon vieux Lucien". Édith teve trabalho para decorar essa canção. Ela errou várias vezes ao interpretá-la em seus concertos.

Instrução e observação para Marc Bonel.

Lembrete de Édith Piaf: não se esquecer de nada!

os escritos

1. Les amants de Venise — 3'
2. Manuel — 3'
3. Je t'ai dans la peau — 3'
4. Jean va rentrer — 2'30
5. Je hais les dimanches — 3'
6. Les amants de Paris — 3'
7. Padam — 3'
8. Télégramme — 3'
9. Jézebel — 3'
10. Monsieur Lenoble — 3'
11. Hymne à l'amour — 3'
12. L'accordéoniste — 4'

"Édith não estava a par de maneira nenhuma do dinheiro que circulava pela casa. Mas, em compensação, estava sempre muito atenta a tudo que dizia respeito ao seu trabalho. Ela sabia quanto ganhava cada músico que trabalhava com ela e nunca se esquecia de deixar uma gorjeta para os maquinistas, e era capaz de cantar gripada para que os lanterninhas não fossem prejudicados."
— Louis Barrier

Édith montava e desmontava constantemente o programa, conforme seu estado de espírito, o lugar, o público e seu estado físico...

À partir de midi, surveillez le réveil de la pauvre reine! Je pense me réveiller aux environs de midi ou une heure. Vous êtes gentils tous les deux mais vraiment... Merci.

Última instrução do dia para Marc e Danielle Bonel. Édith tinha o hábito de deixar bilhetes antes de se deitar.

L'enseigne de la fille sans cœur
Qu'as-tu fait John?
Une enfant
C'est d'la faute à tes yeux
Jézebel
Monsieur Lenoble
Hymne à l'amour
L'accordéoniste

Le ballet des cœurs.
One heart was alone in one part of the city. Another heart was alone in another part of the city. Suddenly the second lonely heart felt something within drawing him to the other part of the city. This became a ballet of love. A third lonely one appeared, entered into the scene. Passion, fire, jalousie separated a beautiful love. The second one disapeared with sadness and a new ballet of love will start

Milord
This story I am about to tell happened in London. Come on Milord, sit down at my table It's cold outside. I know you very well but you never sow me I'm just a girl of the Harbour, a shadow in the street. ~~I know you very well but you never~~ ~~I~~ I met you yesterday with your girl, ~~so~~ beautiful girl with tender eyes but not heart. She did'nt love you my Lord, You are alone now, to sad, oh come on Milord sit down at my table, it's cold ou~~tside~~ on it picks Look at me Milord, you never sow me. What's happen Milord... you cry! I never beleived that. oh, come on Milord smile milord, sing with me please that's it, dance Mylord, Bravo Milord More and more Mylord

La Foule

Bilhete para Robert Chauvigny

Robert
Utilique Jacques, surtout tes nouvelles, —
Repetition lundi huit heures
Chanson bleue trop long la fin
Premier refrain de je n'en connais
pas la fin trop lent

Tradução em inglês de "Ballet des cœurs", "Milord" e "La foule" para o concerto no Carnegie Hall, em 1959. Ele foi cancelado por motivo de saúde.

os escritos

Último programa da turnê de 1963 que vai terminar no Teatro de Ópera de Lille, no dia 31 de março de 1963. Pode-se observar pelas anotações de Édith que ela já cantava "L'homme de Berlin", sua última canção.

Roulez Tambours
Monsieur Incognito
Le chant d'amour
Tiens v'la un marin
Fraque
Margot cœur gros
Les gens
Le droit d'aimer
Le billard électrique
L'homme de Berlin
Le rendez-vous (musique)
Non je ne regrette rien
Milord
À quoi ça sert l'amour

Organização do programa de Jacques Pills e, embaixo, começo de uma canção inédita.

I'll be glad
Je t'ai dans la peau
Take it
Chaque chose a sa place
Tous mes rêves passés
She and he. ou Adam and Eve

Formidable
Medley
La vie en rose

Je voudrais
Que font les amoureux
S'arrêtent de s'aimer
Si un jour tu ne m'aimais plus
Que le cœur des amants des
amants s'arrêtent de marcher
Si un jour moi je ne t'aimerait plus
Car alors qui croire
Tu m'as tant promis
Je t'ai tant promis
Pour moi ce serait la fin du monde
Si notre amour devait cesser

As boas intenções de Édith, conforme seu estado de espírito... no momento, no dia...

> Mercredi 4 janvier 1960
>
> Plus de piqûre !
>
> Décommander tous les rendez-vous jusqu'à dimanche soir
>
> S'accrocher aux branches
>
> Ne vois que les gens qui t'apportent un réconfort et qui t'enrichent spirituellement.
>
> Penser à mon travail, à mon tour de chant

Em inglês, as mesmas boas intenções, de acordo com o país onde ela estava.

> Lundi 1.er juin 1959
>
> Une nouvelle vie commence
>
> Réveil
> About eleven o'clock
> First Respiration, a quater after, orange juice and two tea. may be coffee? Bain
> twelve o'clock, footing about

1960-1961

Bulevar Lannes, em 24 de outubro de 1960. Michel Vaucaire e Charles Dumont levam para ela a obra-prima "Non, je ne regrette rien".

O triunfo depois da estreia no Olympia, em 29 de dezembro de 1960. Piaf interpretou "Non, je ne regrette rien". Em seu camarim com Zizi Jeanmaire. Embaixo, à esquerda: cumprimentos de Georges Brassens; à direita: ensaio com Charles Dumont do novo recital para a reestreia no Olympia, depois do Natal.

1960

Sorridente, Édith recebe o Brasão de Ouro da canção francesa por "Milord", ao vivo do bulevar Lannes, durante a transmissão do programa de televisão *Toute la Chanson*, em 24 de novembro de 1960.

"A gente não podia nem aconselhá-la, nem ajudá-la, nem defendê-la, a não ser que a deixasse flutuando em um clima passional. Para se tornar amigo, só era preciso que ela mudasse de sonho..."

Henri Contet

Ao lado: "Fleur de souris", 1960. Édith recusou a canção de Henri Contet. Era o reinado de Dumont e Vaucaire. Rosalie Dubois e Lucienne Delyle gravaram essa canção. Abaixo: o acetato de Édith Piaf ensaiando "Fleur de souris".

1960

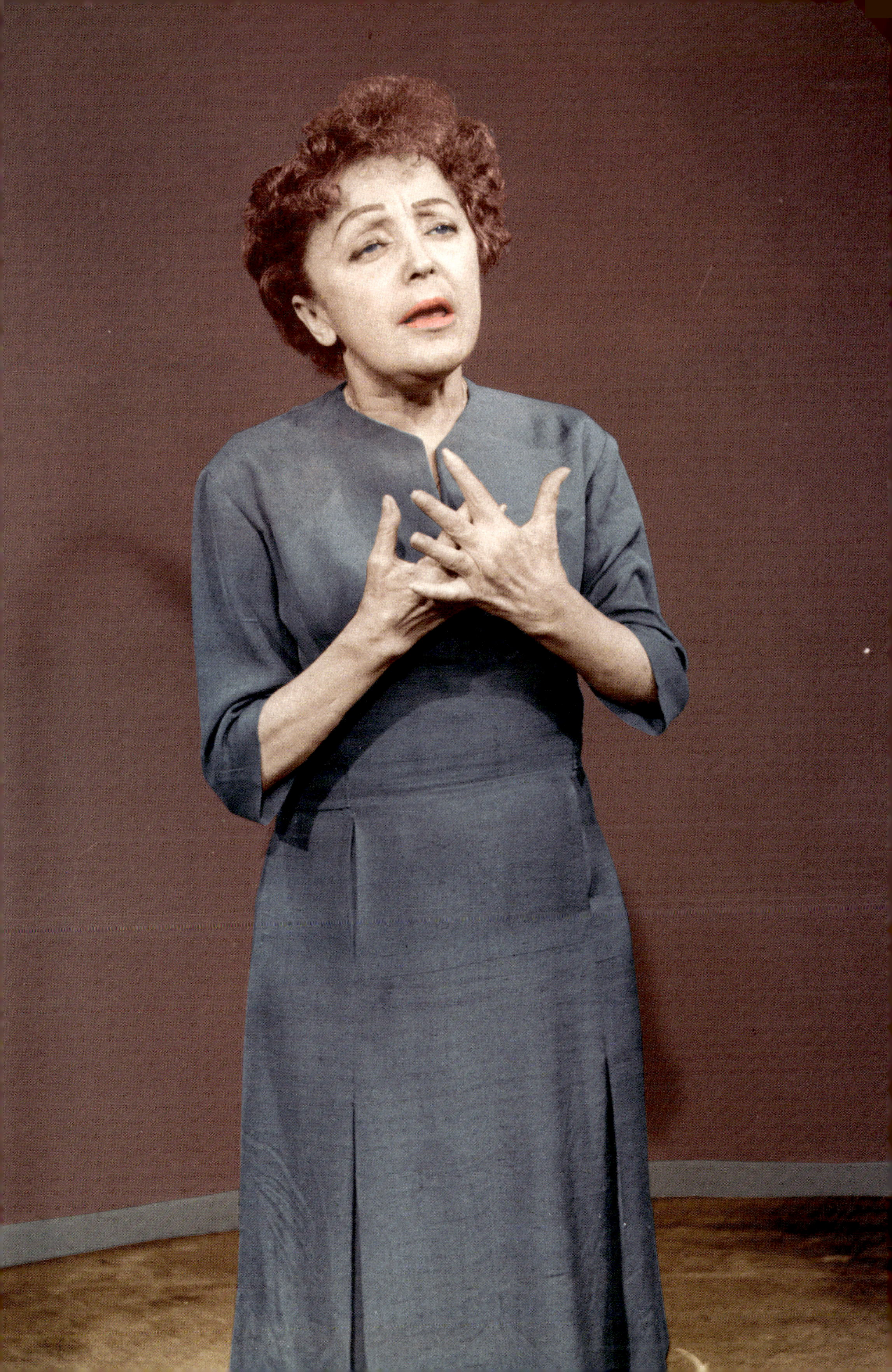

1961

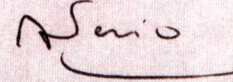

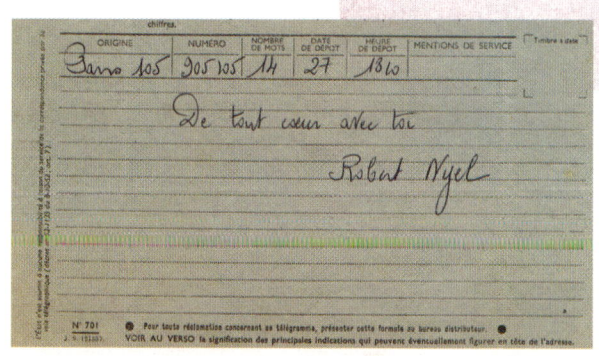

Página da esquerda: depois de mais uma internação de quinze dias, Piaf sai da clínica Hartman, em Neuilly, em 16 de março de 1962, amparada por Théo Sarapo e Claude Figus. Embaixo: ensaio do programa de Théo Sarapo e Claude Figus. Francis Laï assume o acordeão. Ao lado: Robert Nyel escreve "Le droit d'aimer" para o espetáculo no Olympia.

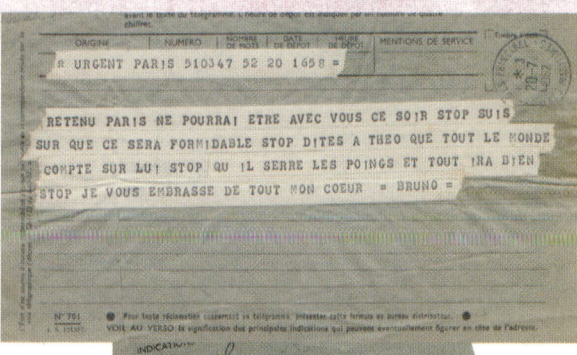

Via Archimede, 141 - a - Roma

FEDERICO FELLINI

Rome le 8 Juillet 1961

Ma chère Edith:

excuse-moi si je t'écris à la machine, mais j'ai une graphie presqu'illisible.

J'aurais voulu t'envoyer plus tôt mon billet, mais je ne connaissais pas ton adresse. Je voulais seulement te faire bien des souhaits, et te dire que de temps en temps il m'arrive de songer à toi avec le naturel attachement que l'on a pour une petite soeur.

J'espère que je pourrai me trouver de nouveau à Paris pour la fin d'août, et alors j'aimerais beaucoup de rester un peu avec toi, venir chez toi, ou bien aller dîner ensemble quelque place.

Porte-toi bien au plus tôt, ma chère Edith, et prends un petit baiser qui t'apporte du bonheur.

Bien à toi

Nerio

De tout coeur avec toi
Robert Nyel

RETENU PARIS NE POURRAI ETRE AVEC VOUS CE SOIR STOP SUIS SUR QUE CE SERA FORMIDABLE STOP DITES A THEO QUE TOUT LE MONDE COMPTE SUR LUI STOP QU IL SERRE LES POINGS ET TOUT IRA BIEN STOP JE VOUS EMBRASSE DE TOUT MON COEUR = BRUNO =

De tout coeur avec vous et mon admiration en plus
Micha Vistel

Je suis très affectueusement avec vous
Lucien Morisse

1962

Casamento na prefeitura do 16º distrito de Paris e na igreja ortodoxa da rua Georges Bizet.

LE SOIR illustré — ÉDITH PIAF
ELLE VA SE REMARIER
T.V. RADIO

1962

Gravação de "Amants de Téruel", em 20 de abril de 1962, para o filme homônimo de Raymond Rouleau. A música é assinada por Mikis Theodorakis.

Gravação de "À quoi ça sert l'amour", em 3 de setembro de 1962.

Em 8 de novembro de 1962, Sarapo, Bourvil, Gréco e Édith assistem aos quarenta anos de Raymond Devos no Théâtre Fontaine e à trigésima apresentação de *Pupitres*.

1963

Théâtre de Verdure de Nice, 10 de agosto de 1962. Atrás de Édith, com um buquê na mão, Denise Gassion, sua única irmã.

31 Août 1963

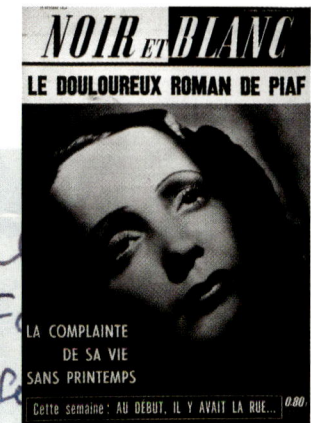

Mon Édith

on nous a confiés pendant la minute où je te disais me tiendrai fidèle.

Je sors une mal de mes disputes avec la mort. Mais le cœur reste solide et t'aime

Jean
✕

Jean Cocteau

"Minha Édith,
Escapei da morte, não sei bem como (isso é segredo nosso), mando um beijo porque você é uma das sete ou oito pessoas em que penso todos os dias com carinho."
Jean Cocteau, 28 de maio de 1963

Cocteau, o "príncipe dos poetas", artista de mil facetas, faz-tudo, escritor, grafista, desenhista e cineasta, publica sua primeira coletânea aos dezenove anos. Adepto dos círculos boêmios, conhece Proust e anda com Gide e Radiguet. Colabora com Diaghilev e Picasso. A arte está em ebulição, o surrealismo toma corpo. Cocteau influencia de *Enfants terribles* a *La Belle et la Bête*. O "príncipe" admira o gênio, o destino daqueles que ele chama de seus "monstros sagrados". Ele cobre sua querida amiga com as mais belas metáforas. Quando alguns se recusavam a abandonar a Môme, ele já falava de Madame Piaf. Na vida e na morte! Algumas horas depois de seu "rouxinol" dar o último suspiro, Jean Cocteau entrega sua alma de poeta no dia 11 de outubro de 1963.

Édith não acreditava na morte: "É aí que tudo começou, não tenho medo de passar pelo 'grande portal'!". Édith nos deixou na quinta-feira, 10 de outubro de 1963, por volta das 13 horas. Piaf não sabe que, naquele dia, assinaria um contrato eterno...

J.-P. Mazillier e A. Berrot

Os
escritos
traduções

Página 122

A nossa distinta clientela,
Finalmente, temos o imenso prazer de informar que, depois de muitos esforços, conseguimos contratar a maior artista de todos os tempos da canção francesa, Édith Piaf.
Essa grande estrela mundial se apresentará de 25 de maio a 4 de junho, duas vezes por noite,
às 21 horas e à meia-noite.
Sugerimos que preencham o cupom para a reserva de mesas e enviem-no pelo correio no envelope anexado.
A seu inteiro dispor,

Gérard Thibault
À La Porte Saint-Jean

Página 174

Chateau Marmont
8221, Sunset Boulevard
HOLLYWOOD 46, CALIFORNIA
HOLLYWOOD 9-2911

1956
Minha doce Danielle,
Eu não sou de me abrir muito, mas faço questão de lhe dizer que eu a admiro muito como mulher e que muitas vezes tenho uma grande vontade de abraçá-la, mas um pudor estúpido me paralisa.
Assim, de uma vez por todas, saiba que gosto profundamente de você e que fico feliz quando sinto que você está feliz.
Um beijo para minha doce, tão doce, pequena Danielle.

Édith

os escritos traduções

Página 179

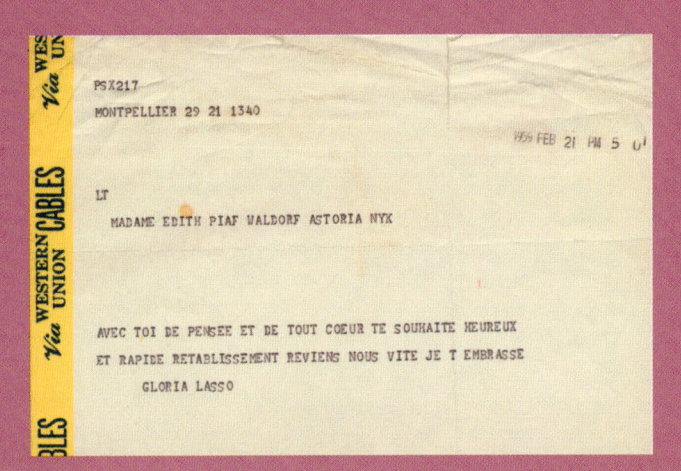

PSX217
Montpellier 29 21 1340
LT
Madame Édith Piaf Waldorf Astoria NYK
Penso muito em você e desejo, do fundo do meu coração, rápidas e alegres melhoras. Volte rápido para casa. Beijos.
Gloria Lasso

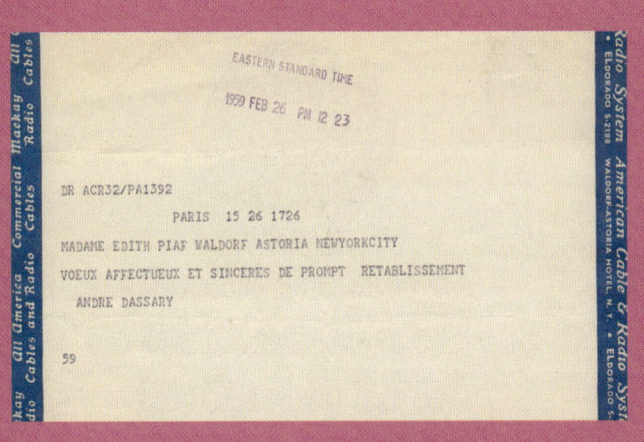

PDR ACR32/PA1392
PARIS 15 26 1726
Madame Édith Piaf Waldorf Astoria NewYorkCity
Votos afetuosos e sinceros de rápidas melhoras.
André Dassary

Página 184

Eu revogo todas as disposições anteriores e instituo meu marido, Théophanis Lamboukas, meu herdeiro universal. Escrito totalmente por minhas mãos em Paris, domingo, 13 de janeiro de 1963.
        Édith Lamboukas, nascida Édithe Gassion

Página 186

"Hymne à l'amour" mais rápido
Entrada de "Je n'en connais pas la fin" lento demais.
Último refrão de "Je hais les dimanches", o começo lento demais.
"La vie en rose" em francês um pouco lento.
Refrão "Saint Pierre" lento.
Refrão "La fête continue" lento demais.

Lembrar de acertar a iluminação
Foto para o programa da turnê, assim como o cartaz
Preparar texto de apresentação para apresentar Jaques na turnê
Emagrecer, telefonar Vila
Ver Madame Falabert para a propaganda Jaques, vender as canções, mas manter a exclusividade das canções até a reestreia no ABC.
Ver Decca para romper contrato e ver Columbia para data gravação, cartazes e fotos.
Convite para estreia Jaques, coquetel, jornalistas.
Carta para que ele venha escutar o espetáculo.

os escritos traduções

Página 187

Marcel
Escala, no começo do acordeão um pouco lenta.
Não se ouve bem em "Padam" as notas entre as frases dos refrões.
Por outro lado, um pouco altos os refrões de "L'accordéoniste".

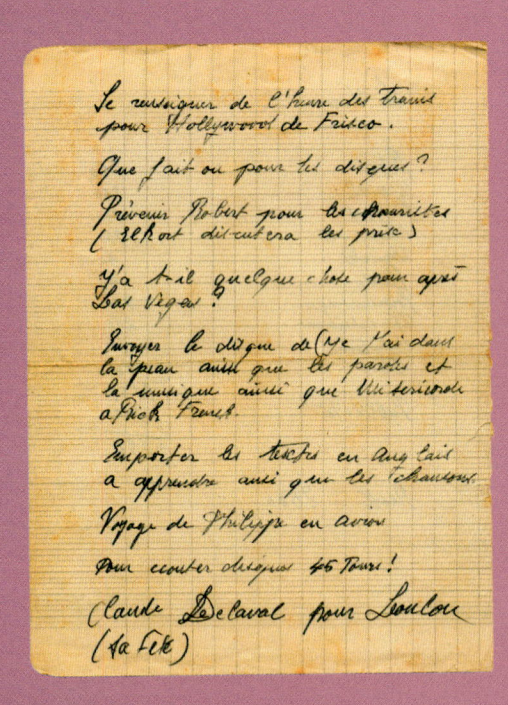

Pedir informações sobre o horário de trem para Hollywood saindo de Frisco.
O que fazer com os discos?
Avisar Robert sobre os coristas (Elkort vai discutir os preços).
Será que tem alguma coisa para depois de Las Vegas?
Enviar o disco de "Je t'ai dans la peau", assim como a letra e a música, e "Misericorde" para Rick French.
Levar os textos em inglês para decorar e também as canções.
Viagem de Philippe de avião.
Para ouvir discos de 45 rotações!
Claude Delaval para Loulou ("La fête").

Página 188

A partir do meio-dia, vejam se a pobre rainha já acordou! Acho que vou me levantar entre meio-dia e uma da tarde.
Vocês dois são gentis, muito gentis.
Obrigada.

Página 189

Robert
Música Jacques, principalmente as novas!
Ensaio segunda-feira, 8 horas.
"Chanson bleue" longo demais o final
Primeiro refrão de "Je n'en connais pas la fin" lento demais

Página 190

"I'll be glad"
"Je t'ai dans la peau"
"Sak's"
"Chaque chose a sa place"
"Tous mes rêves passés"
"She and he or Adam?"

"Formidable"
"Medley"
"La vie en rose"

Eu gostaria
Que todos os apaixonados
Parassem de se amar
Se um dia você deixasse de me amar
Que o coração dos amantes dos
Amantes parassem de funcionar
Se um dia eu deixasse de amá-lo
Pois então em quem acreditar
Você me prometeu tanto
Eu lhe prometi tanto
Para mim seria o fim do mundo
Se nosso amor tivesse de terminar

os escritos traduções

Página 191

Quarta-feira, 4 de janeiro de 1960
Chega de injeções!
Desmarcar todos os encontros até domingo à noite.
Aguentar o tranco.
Ver apenas as pessoas que me trazem reconforto e me enriquecem espiritualmente.
Pensar no meu trabalho, no meu programa.

Segunda-feira, 1º de junho de 1959
Uma nova vida recomeça
Acordar
Mais ou menos às onze horas
Primeira respiração, quinze minutos depois, suco de laranja e dois chás. Talvez café? Banho meio-dia, andar por volta das...

Página 195

Henri Contet [a lápis no canto superior direito]
Eu fiz para você, mas devo ter me enganado!
Paciência, vou dar a Claude Goaty...
Fleur de souris

Fleur de souris, pour tes 16 ans,
Quand t'as suivi ton fainéant,
On était là, tous les copains
Ceux de Lilas, ceux du bon pain;
Ton fainéant, on l'aimait pas
Mais souviens t'en, on l'montrait pas:
On t'a payé un orphéon
Pour déplier l'accordéon.
Des noces comm'ça dans le quartier,
Même à tout-va ça fait pitié,
Pour pleurer, Fleur de souris
On a dansé quand t'es partie

N'oublies pas
Les copains
Des Lilas
Du bon pain;
N'oublies pas
Cet air-là
Ce temps-là
Ni le clintoc
De chez Médoc

Fleur de souris (II)
Fleur de souris, si tu t'souviens
Rue des Prairies tu dansais bien
Plus tu dansais, môme à chansons
Plus tu penchais, côté "rissons"
J'avais des airs de "pourquoi pas?"
Ton pull-over faisait pas l'poids!
On t'aimait bien chez Sentiment
Où les copains sont comme avant.
Mais il faut s'méfier des fainéants,
Ça f'rait les pieds aux lilas bleues,
Fleur de souris, pour tes 20 ans
Nous v'là qu'on suit ton enterr'ment

Último refrão:
N'oublies pas
Les copains...

Ainda não acabou. Chegando aqui, o refrão é repetido e a música ganha um tom desesperador. Preciso encontrar um final. Mas se você acha isso uma droga, me avise.
Riron

Estou tentando arrumar um pouco o velho piano.

os escritos traduções

Página 199

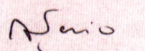

Via Archimede, 141 – a – Roma
Federico Fellini
Roma, 8 de julho de 1961

Minha cara Édith:
Desculpe-me se escrevo à máquina, mas minha caligrafia é quase ilegível.
Eu gostaria de ter-lhe enviado esse bilhete mais cedo, mas eu não sabia seu endereço. Eu queria apenas lhe desejar felicidades e dizer que, de vez em quando, penso em você com a afeição natural que se tem por uma irmã.
Espero poder ir de novo a Paris no final de agosto e gostaria muito de ficar um pouco com você, ir a sua casa ou jantarmos juntos em algum lugar.
Recupere-se o quanto antes, minha querida Édith, e aceite um beijinho que lhe trará felicidade.
Seu,

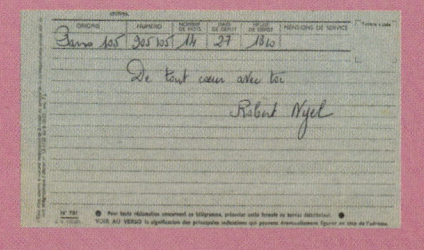

De todo coração com você.
                                                Robert Nyel

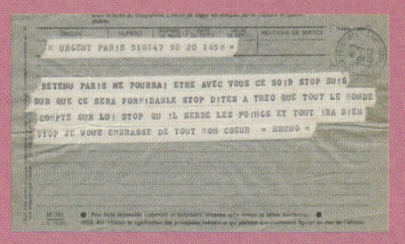

Retido Paris não poderei estar com vocês hoje à noite PT Tenho certeza de que tudo será formidável PT Diga a Théo que todos contam com ele PT Que ele só tem que apertar os punhos e tudo correrá bem PT Um beijo do fundo do meu coração "Bruno"

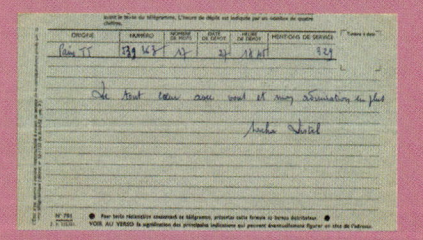

De todo coração com você, além de minha admiração.
                                                Sacha Listel

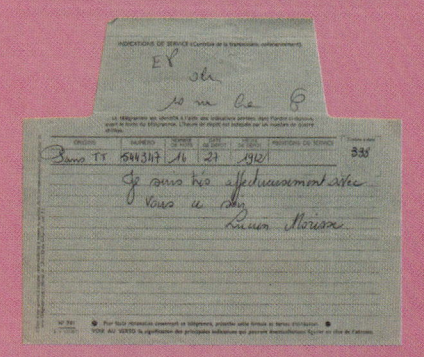

Estarei pensando afetuosamente em vocês hoje à noite.
Lucien Morisse

Página 205

31 de agosto de 1963
Minha Édith,
Fomos interrompidos quando eu lhe falava do meu fiel carinho. Não estou me saindo muito bem com minhas brigas com a morte. Mas o coração continua sólido e ama você.

Jean

os retratos

"É seu rosto que minhas mãos querem decorar para sempre."
Jean Cocteau

"O que importa na pintura é que o retrato se pareça com o modelo, mas não o modelo com o retrato."
Paul-Jean Toulet

Se o fotógrafo imortaliza as expressões do personagem, devemos agradecer à paciência, ao gênio do colecionador, ao aventureiro das imagens perdidas, ao descobridor de tesouros. Édith, um rosto e mil e uma facetas a serem descobertas… Aqui, o preto e branco se mescla à arte das palavras, aos testemunhos vibrantes, aos elogios enlevados, aos arrebatamentos líricos. Sem dúvida nenhuma, Piaf inspira! Dos agradecimentos em metáforas, citamos algumas pérolas dessas homenagens atemporais.

Marlene Dietrich: "A única palavra que pode substituir a palavra 'Paris' é a palavra 'Piaf'".

Raymond Asso: "Ela é o reflexo de todos os sentimentos".

Paul Meurisse: "Eles estavam enfeitiçados. Eu também estava tanto quanto eles. Sua voz era um grito de amor. Suas mãos, apoiadas no corpo, em cima do fundo preto do vestido, a delicadeza delas igualava a perfeição. Ela irradiava sua fé como um quadro de El Greco."

Henri Contet: "Édith faz amor com suas canções. Ela as excita, abraça, observa dormir. Tudo nela é apenas possessão e carinho… Como nós, os autores, ficamos? Nós escrevemos balbucios para ela, e ela os transforma em gritos, apelos, orações".

Henri Spade: "Para que descrever o rosto dela quando, há anos, ele nos dá tanta felicidade, quando cada um de nós guarda dele uma lembrança comum, mas diferente ao mesmo tempo, segundo a canção de Édith que preferimos?".

Marc Bonel: "Ela era um ser excepcional, extraordinário. Ela transformava as coisas, o mundo, a vida".

Opinião publicada no *Dimanche illustré*, em Marselha, no dia 16 de julho de 1943: "Uma voz que fere como o espetáculo de uma injustiça, uma voz que dá um nó na garganta, aperta o coração com uma alegria dolorosa e selvagem. Uma voz que sente a miséria ou a revolta. E, nesse momento, Édith Piaf se torna a garota mais bela do mundo."

Jean Cocteau: "Quando escutei Édith Piaf, fiquei boquiaberto com a força que saía daquele corpo minúsculo. Ela entra, ela é derrotada. […] E a derrotada canta. E cabeças curiosas saem de todas as janelas do mundo e lágrimas caem na rua sem alegria […]. Não é mais Madame Édith Piaf que canta: é a chuva que cai, é o vento que sopra, é o luar que estende seu lençol".

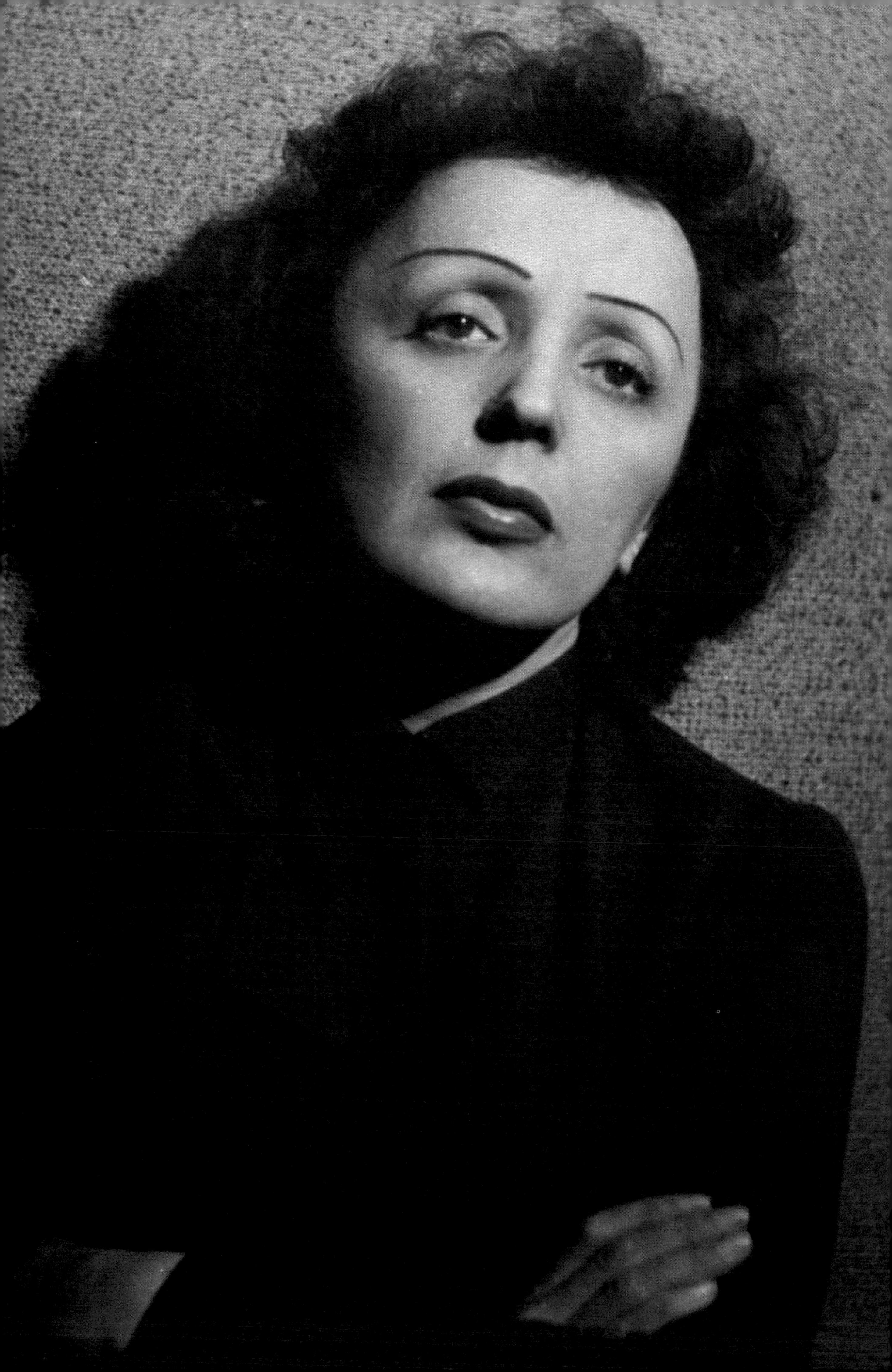

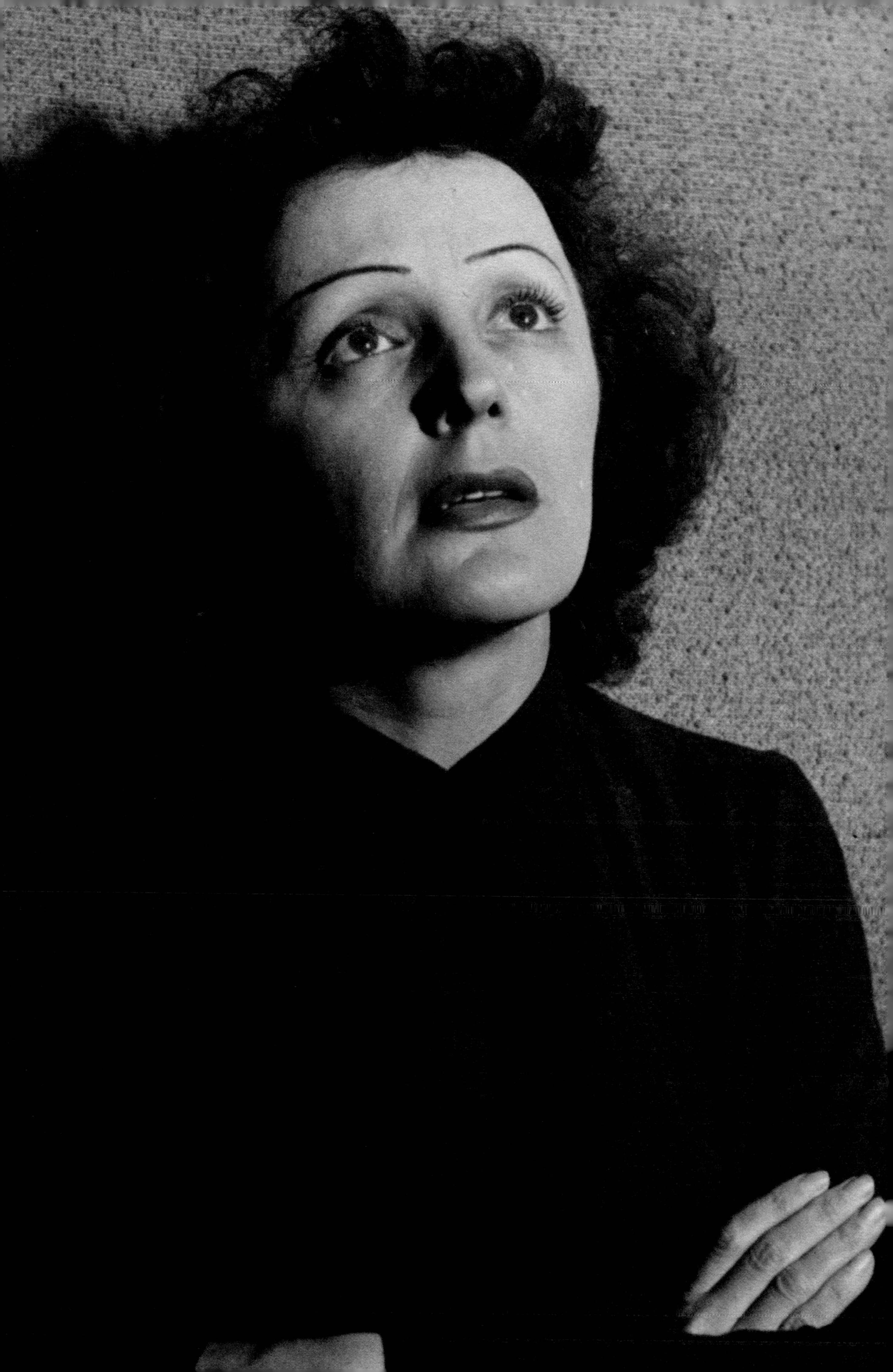

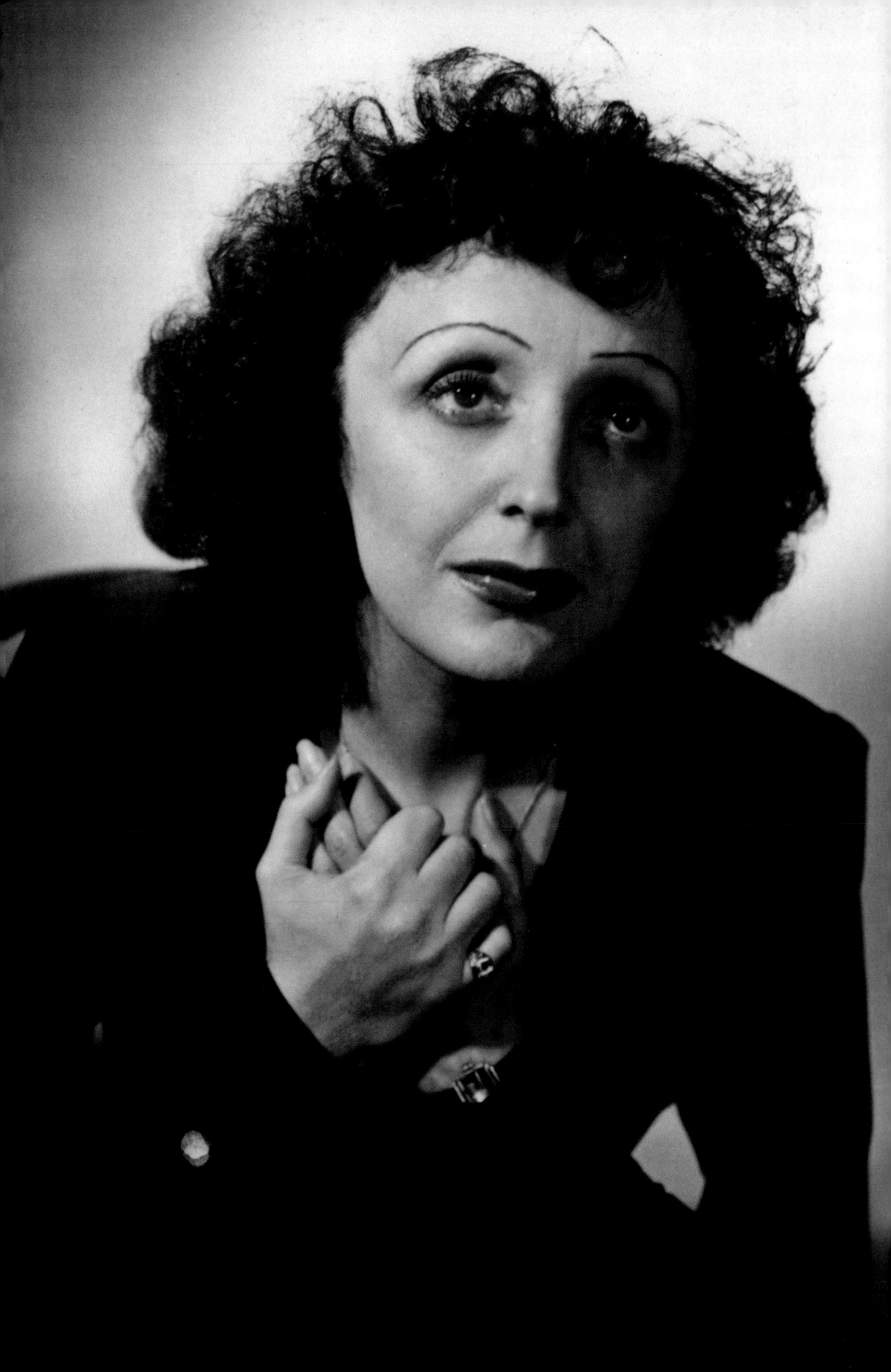

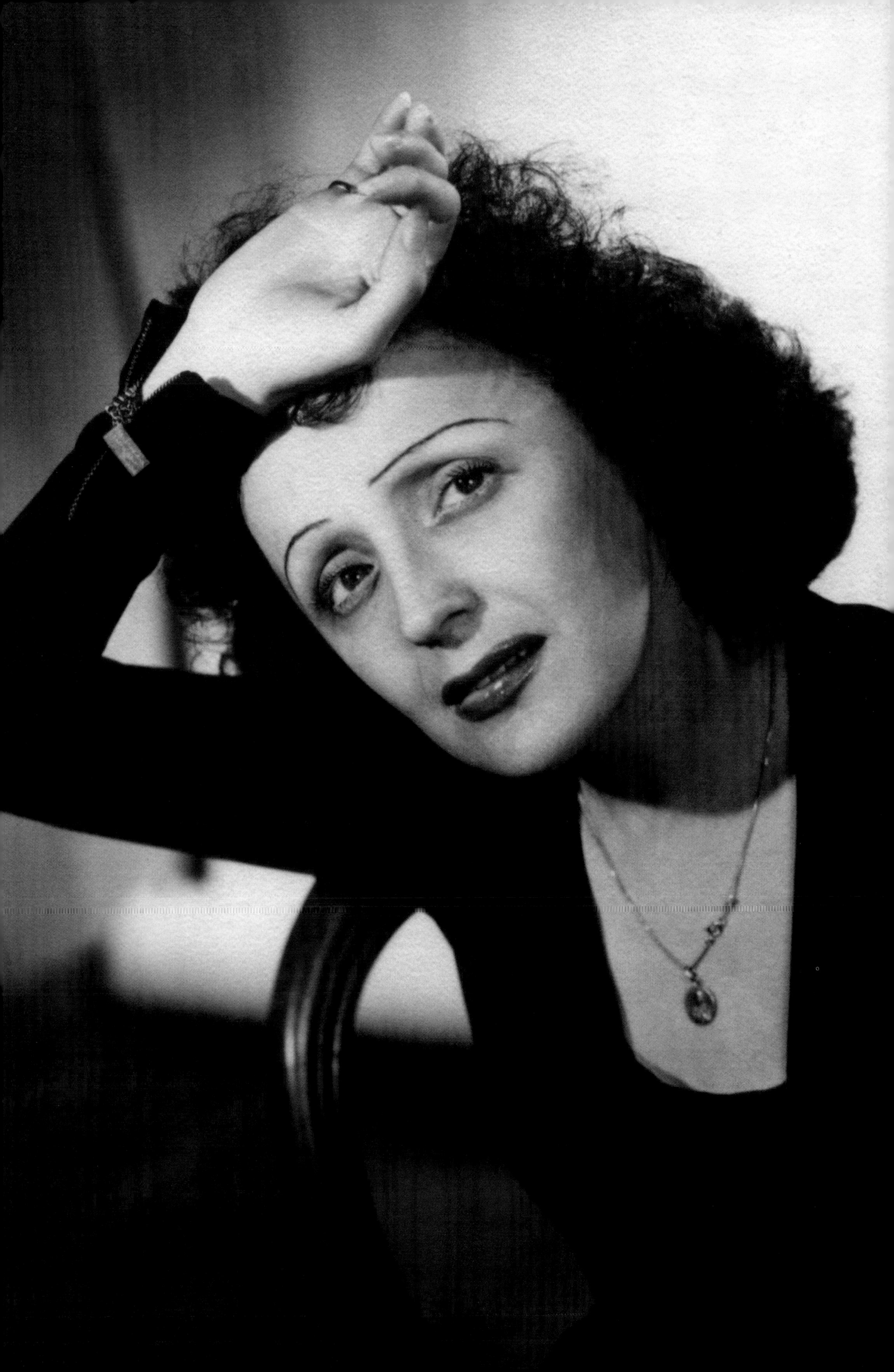

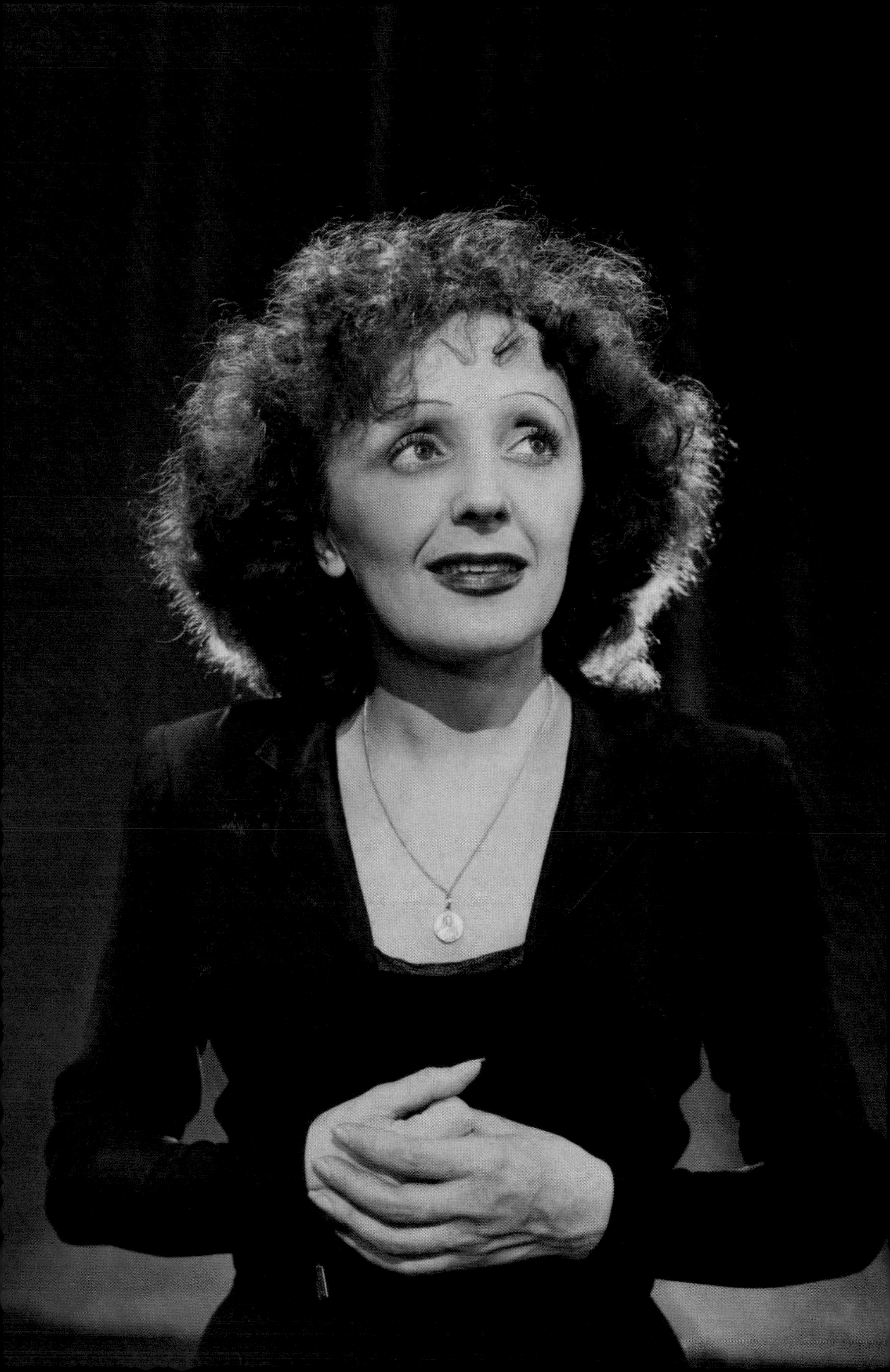

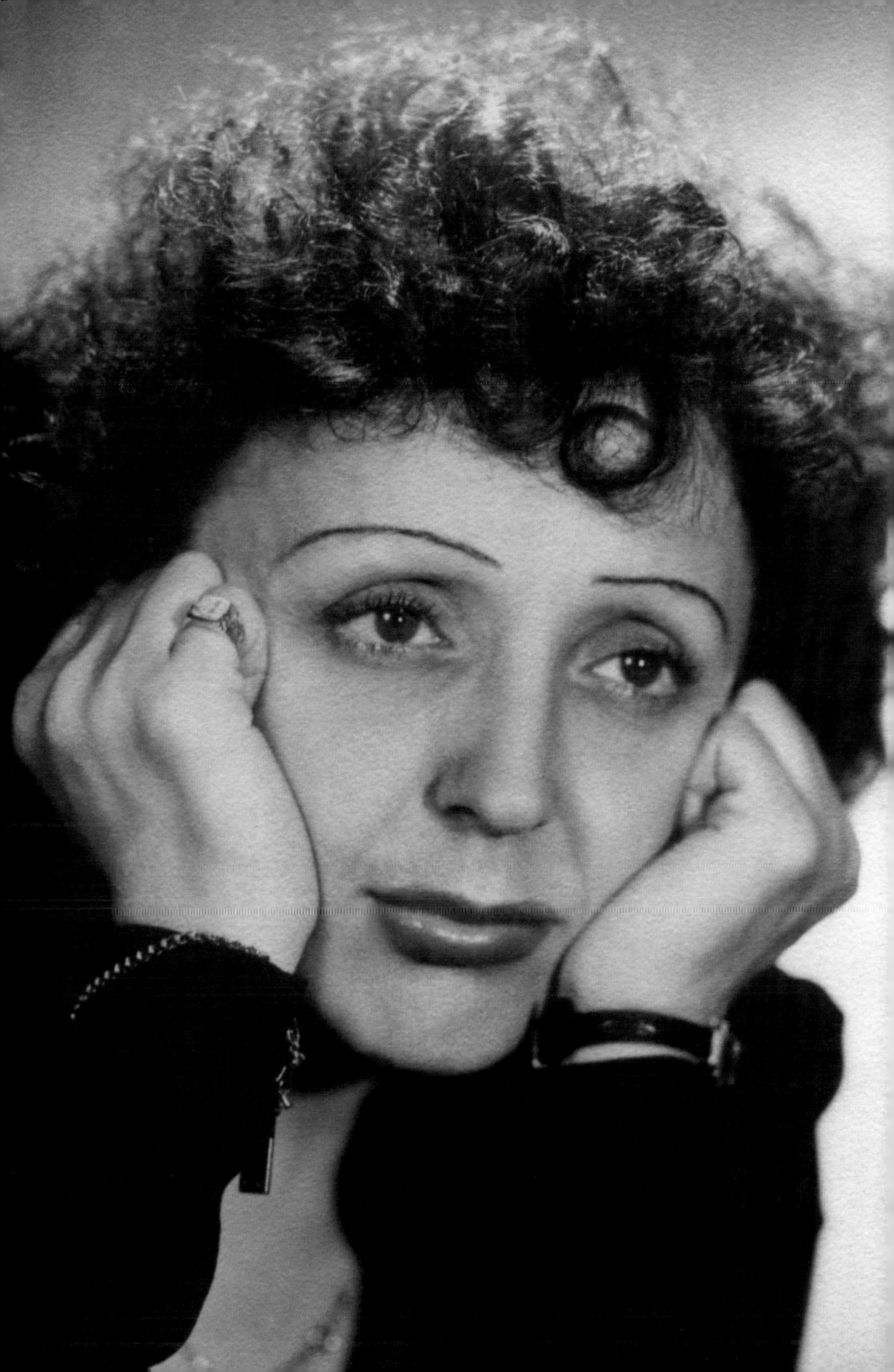

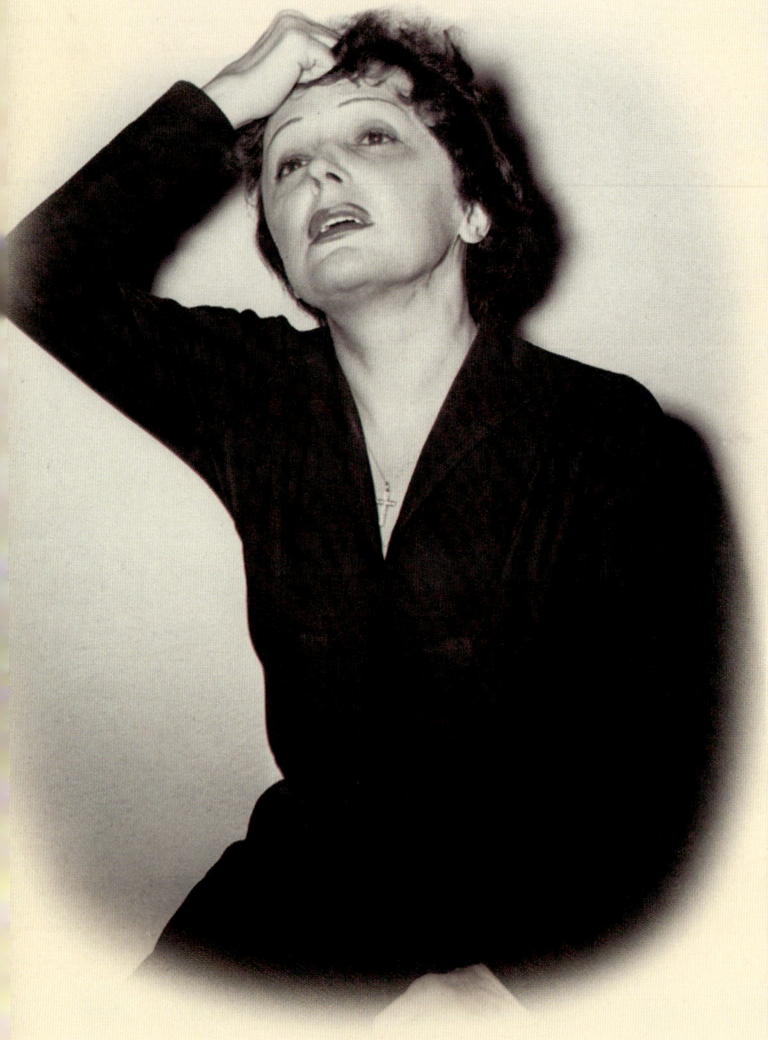

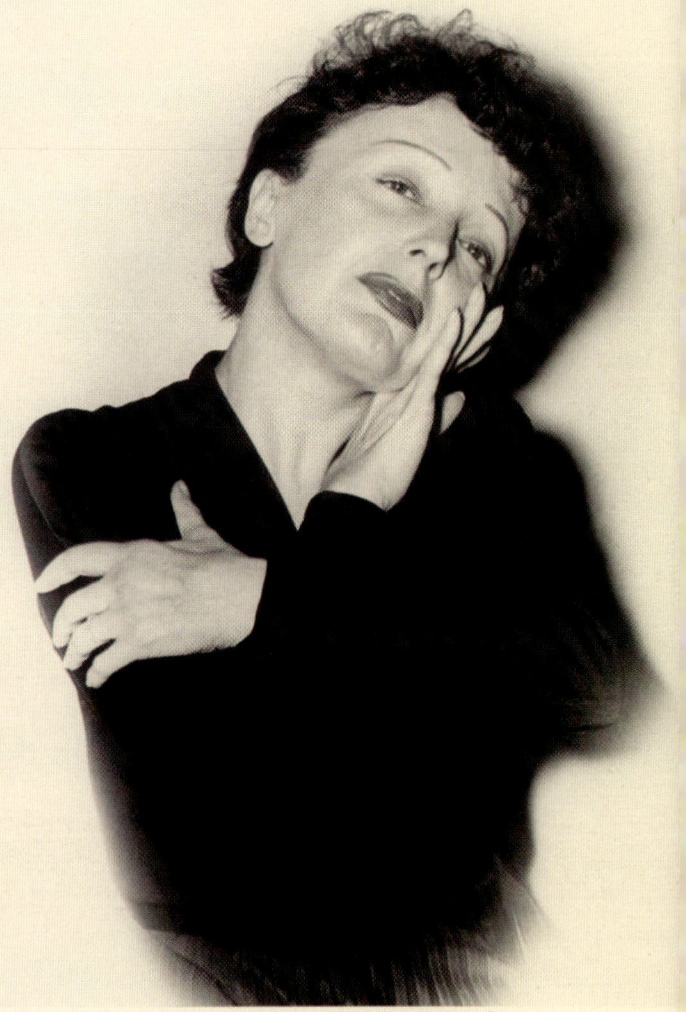

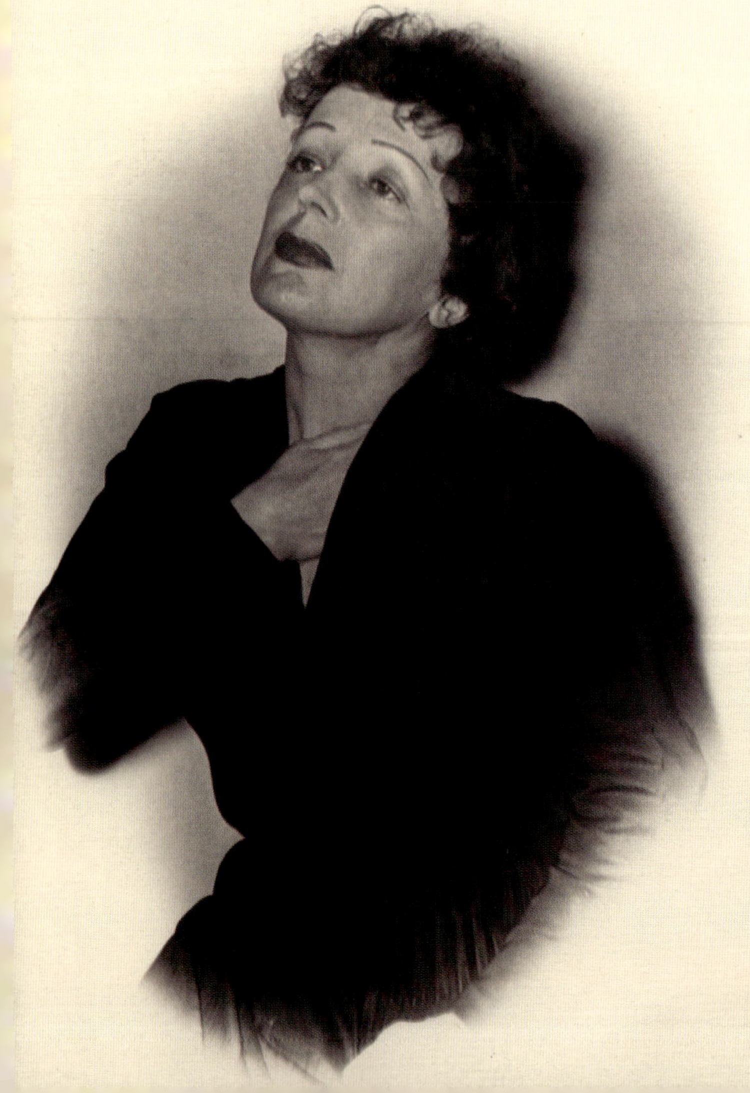

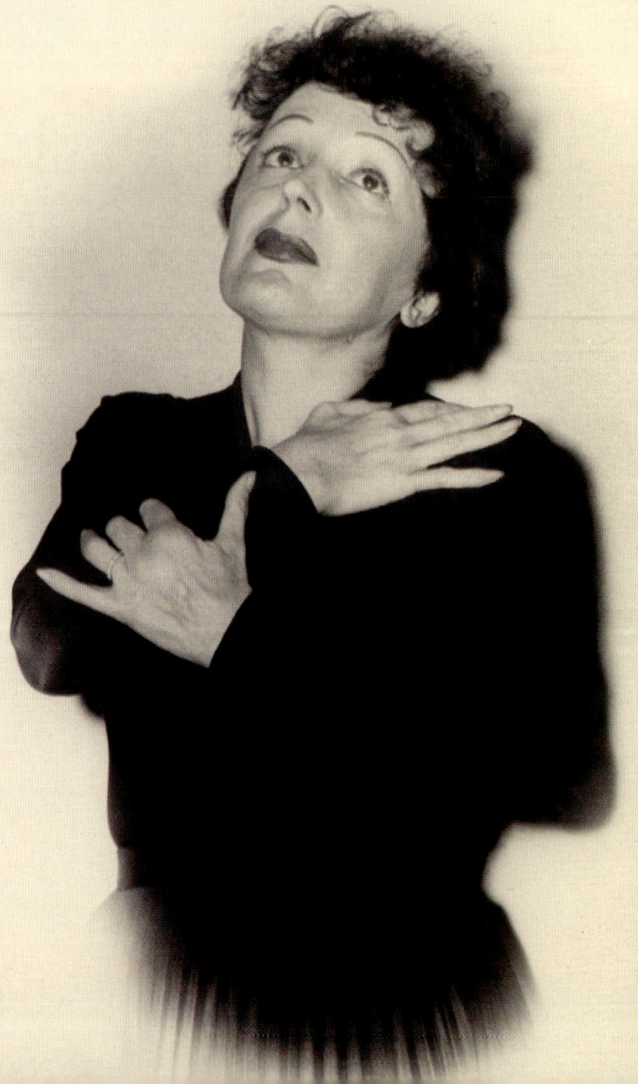

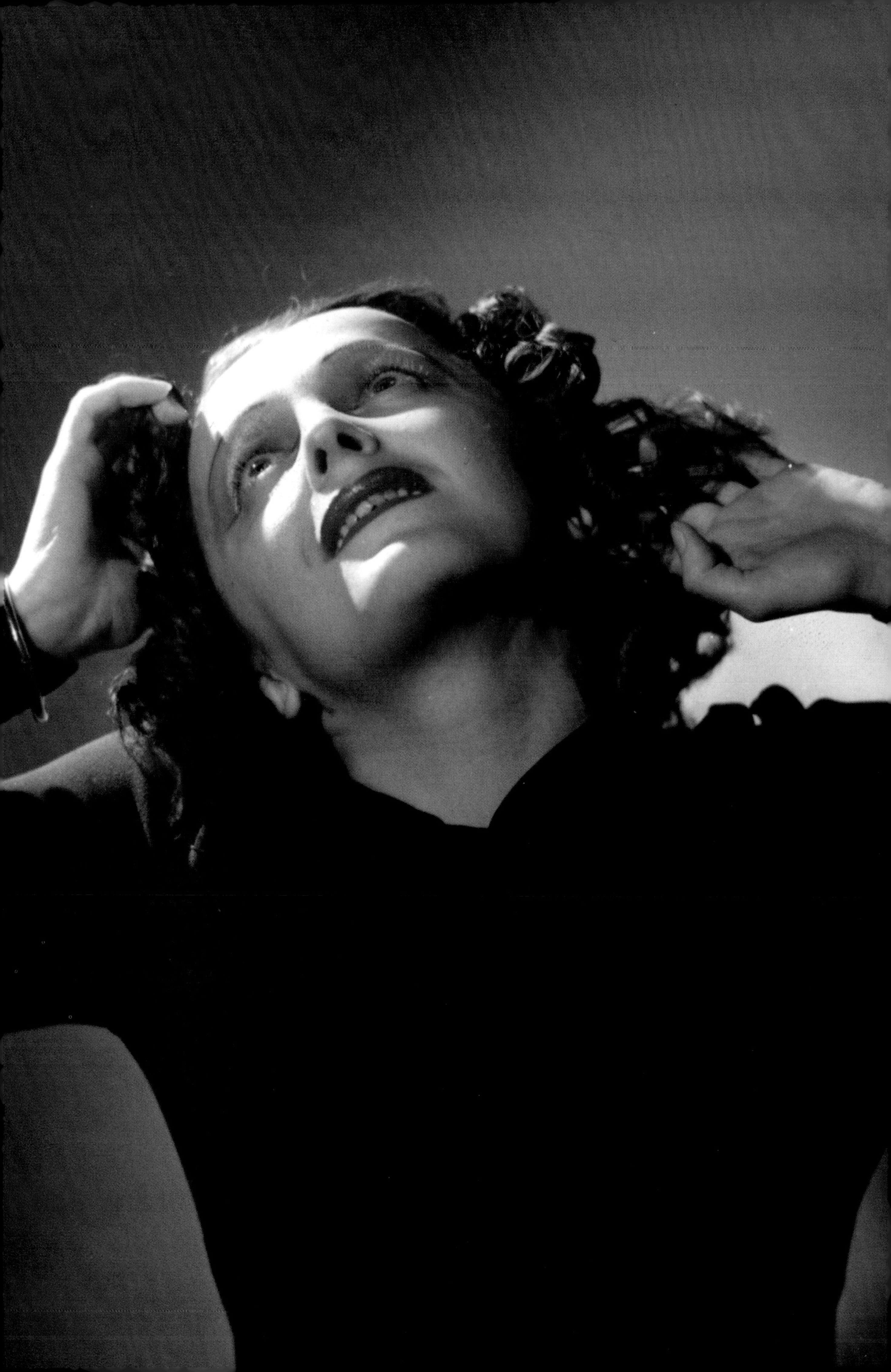

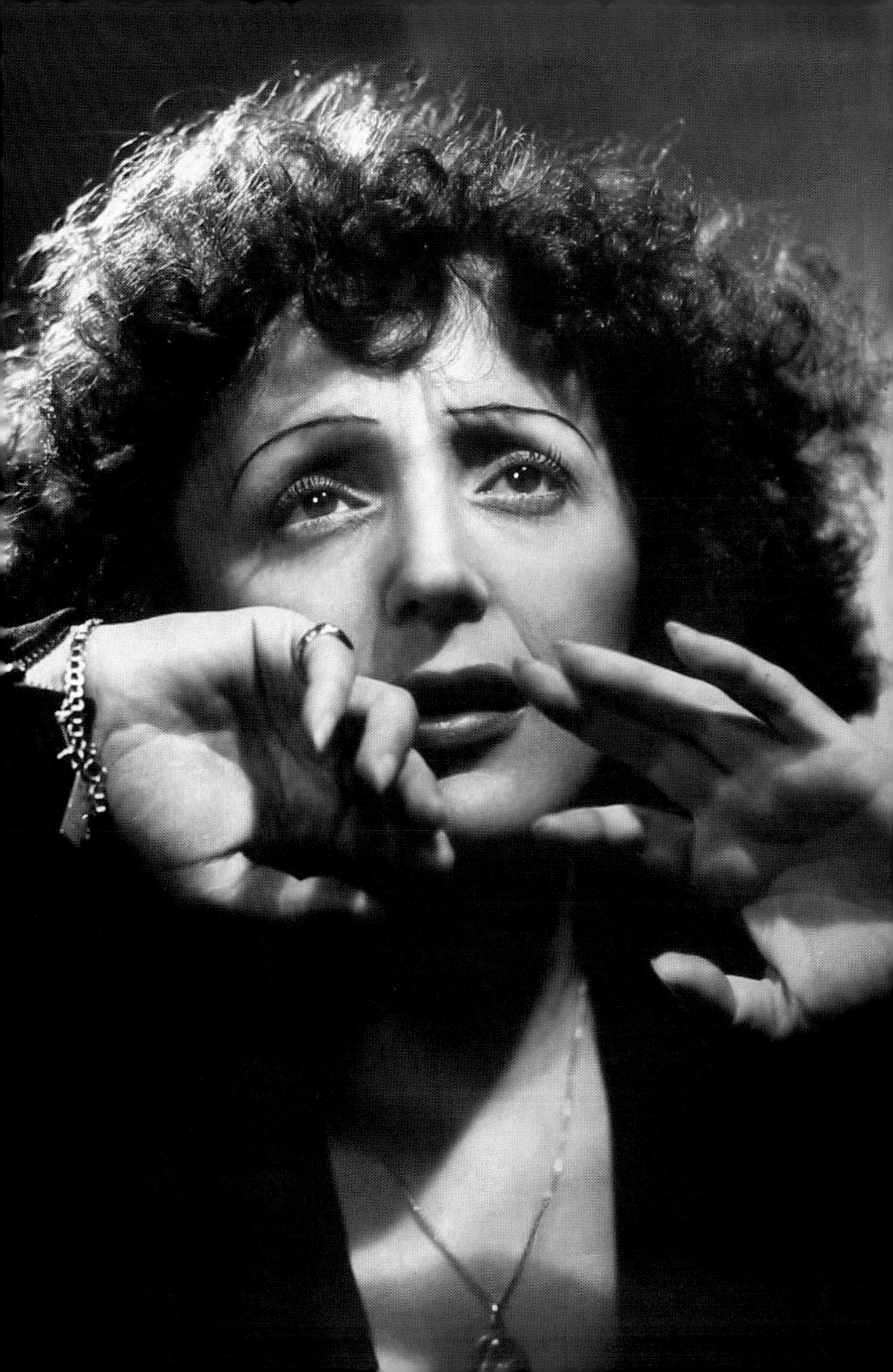

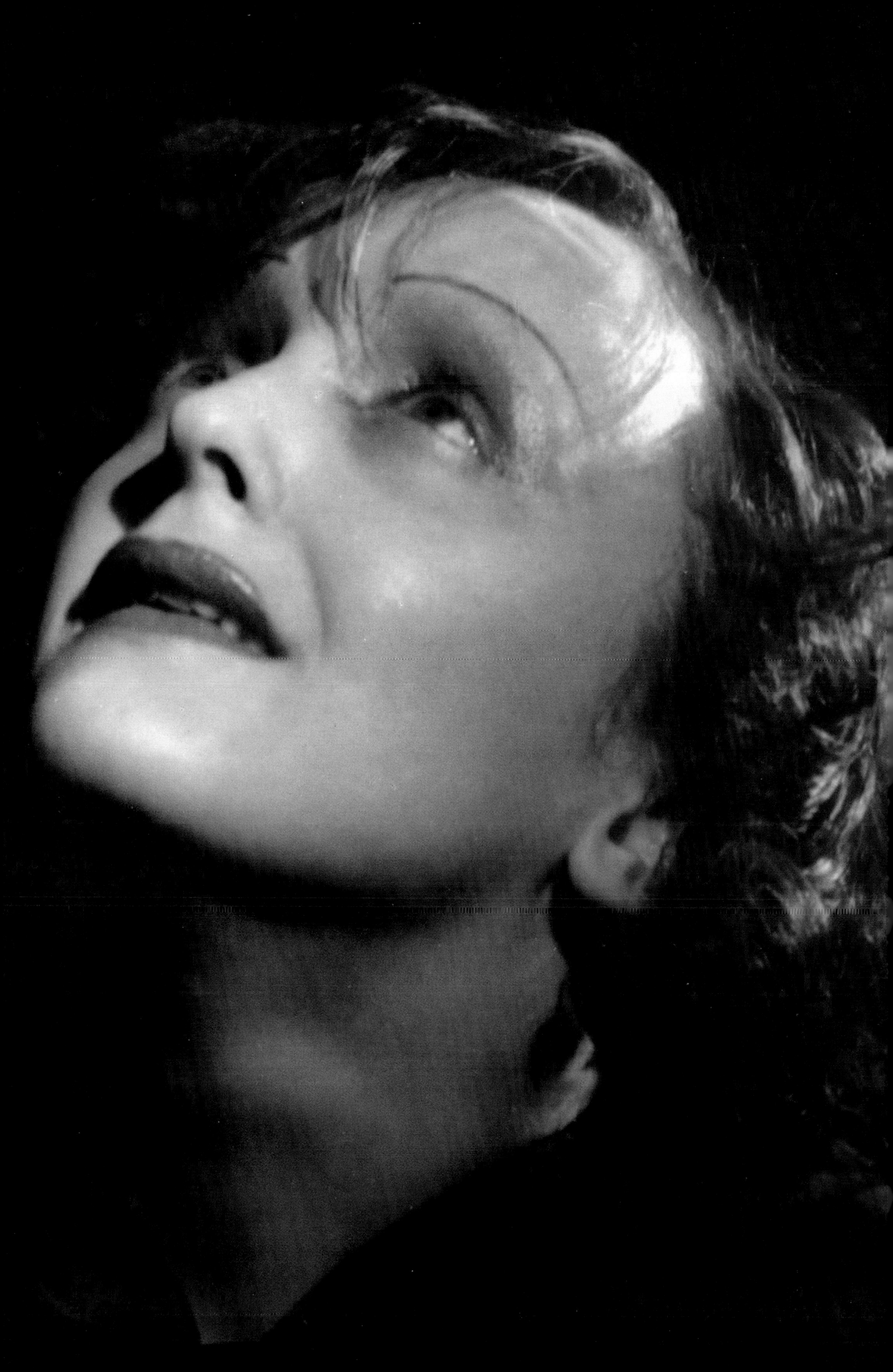

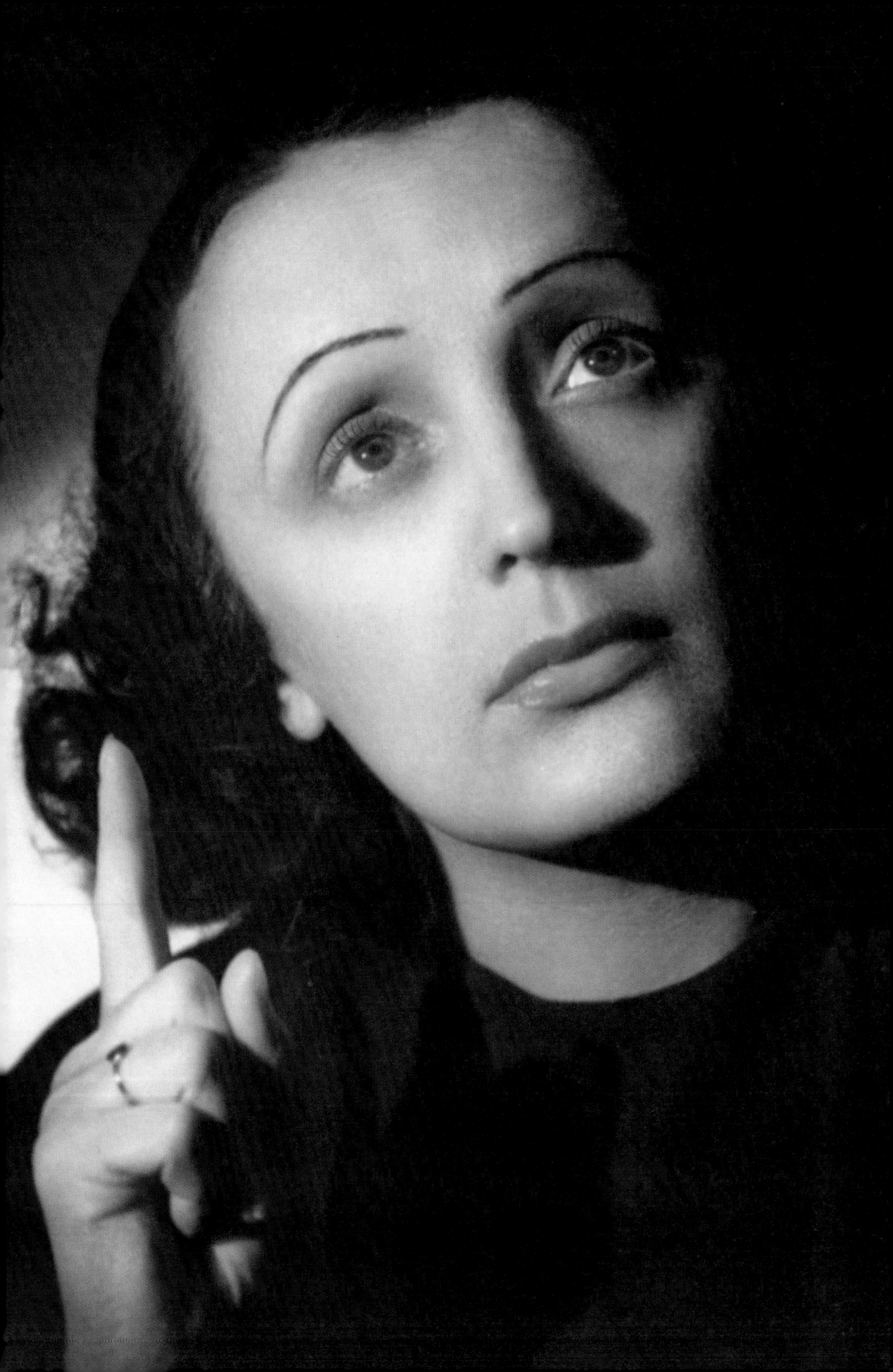

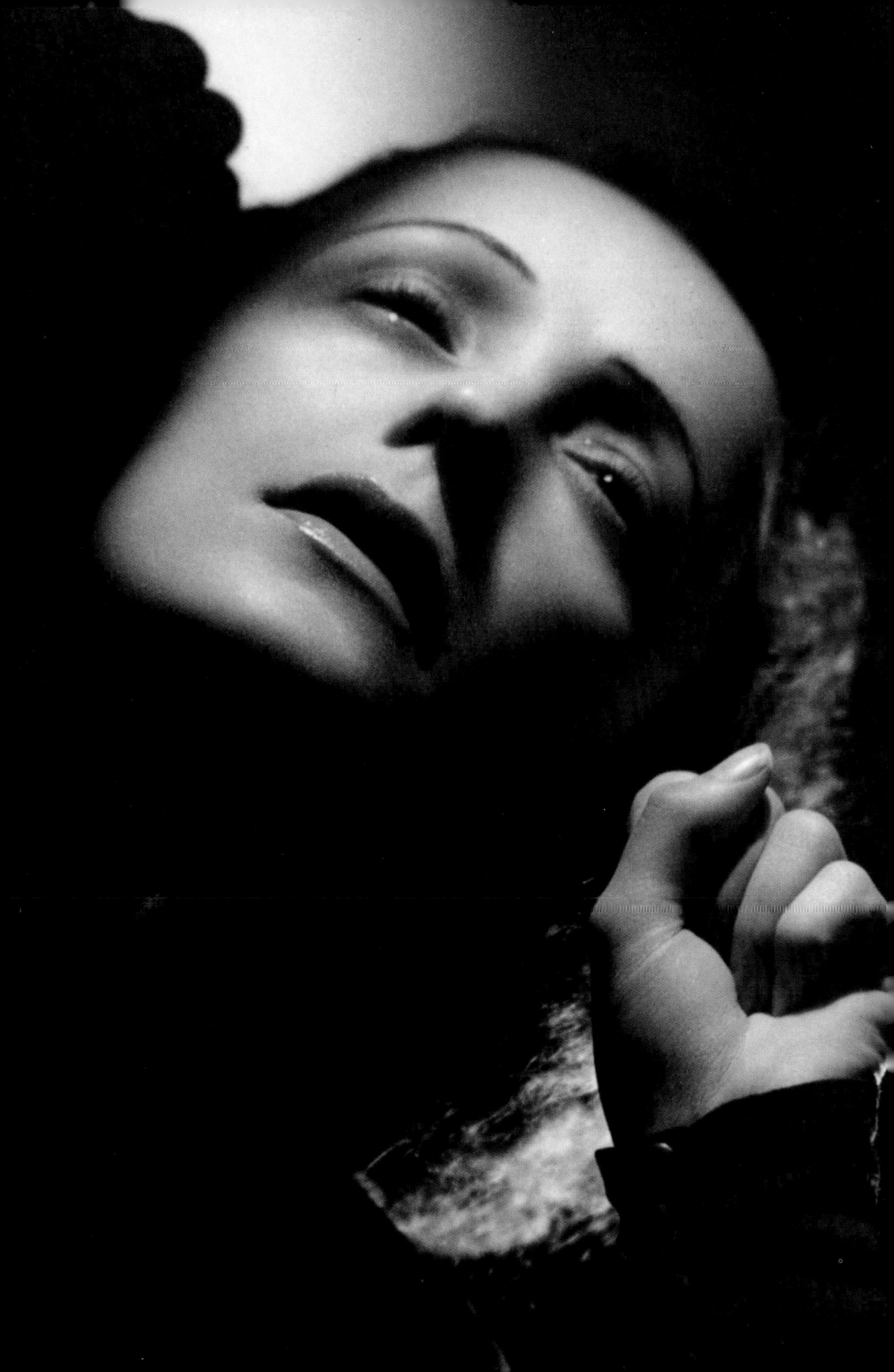

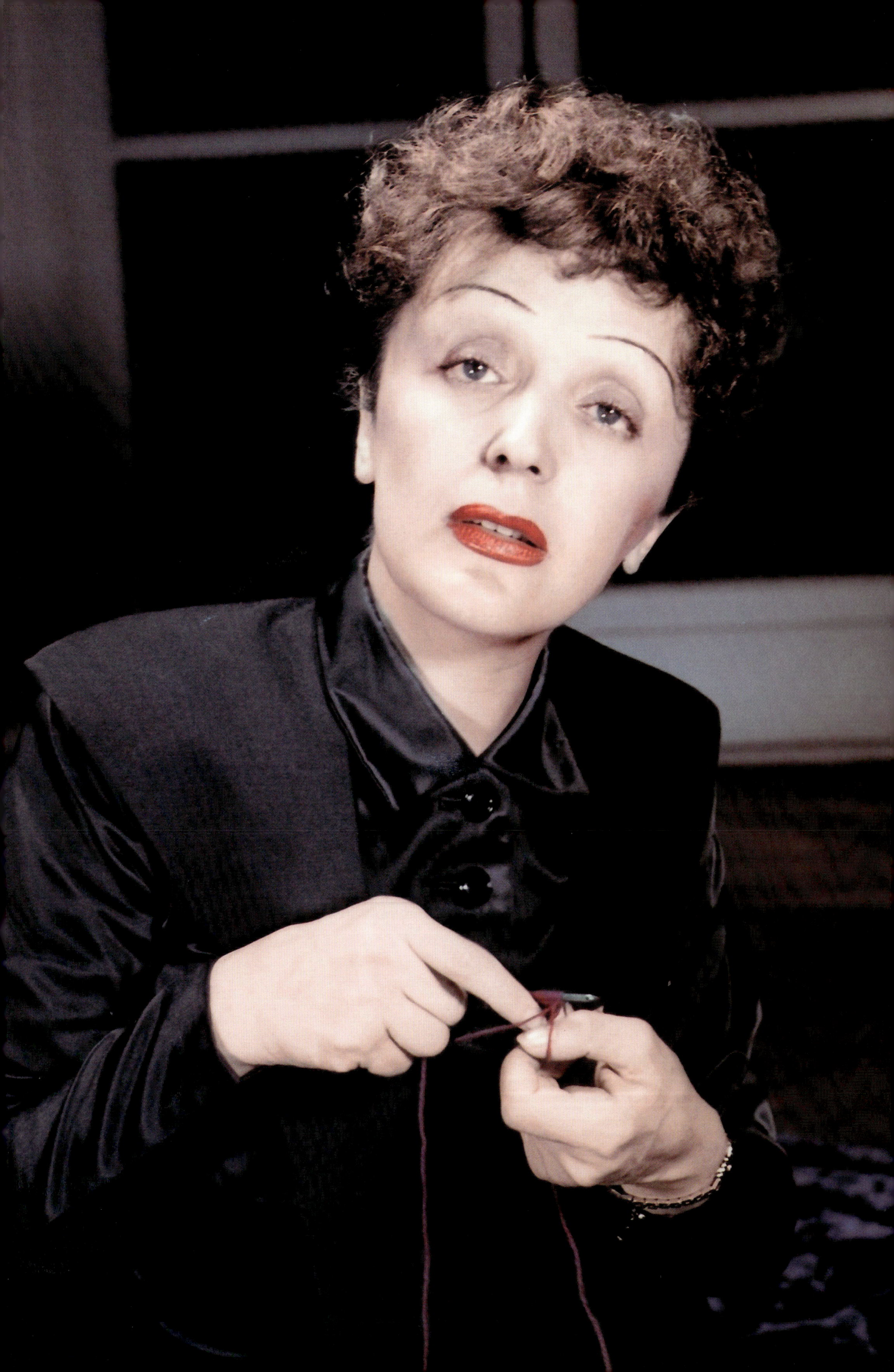

"O principal na vida é deixar uma marca, eu gostaria muito de deixar uma marca na canção."

agradecimentos

Agradecemos particularmente a Danielle Bonel, Catherine e Christie Lamboukas, e também a Jil Aigrot, Jean-Claude Arnaud, Ioana Baltog, Maurice Barrier, Xenia Belka, Pierre Bergé, Danielle Boraley, Philippe Bosi, Carolyn Burke, Michèle Buron-Sinclair, Patricia Carli, Stéphane Chomant, Doris Contet, Ralf Dahler, Robert Flaction, Gérard Fuéri, Jean-Marc Gaillard, Angelo Giannecchini, Nadine Joubert, Renée Jourdain, Pierre Krebs, Lucie Kropackova, Simone Langlois, Bernard Marchois, Yvonne Mazillier, Antoine Messina, Jacques Poché, Jacques Primack, Germaine Ricord, Luisa Rendon, André Schmidt, Maurice Talabart, Barbara Tarina, Adriaan Vogelzang.

Um pensamento carinhoso para Raymond Asso, Louis Barrier, Marc Bonel, Monique Chauvigny, Jean Cocteau, Henri Contet, Cricri, Michel Emer, Gribouille, Luce Guichard, Nicole Hamy, Odette Laure, Andrée Leconte, Jean Marais, René Martingny, Georges Martin, Betty Mars, Gérard Paris, Michel Rivgauche, Henriette Robert-Trébor, Mica Salabert, Edmée Santy, Théo Sarapo, Claude Sounac, Johnny Stark e a todos que, afetuosamente, fielmente e, sobretudo, sinceramente, preencheram o universo de Édith Piaf.

Jean-Paul Mazillier
e Anthony Berrot

Meus agradecimentos vão para Magali Macia, que conhece Piaf do fundo do coração, Nine Apperry, Pascal Bodin, Morgane Caraty, Martine Clisson, Geneviève Croguennec e Pierre Massimi.

Gilles Durieux

créditos fotográficos

© Arquivos Jean-Paul Mazillier/ Anthony Berrot: capa, p. 8 à esquerda, 9, 13 no centro e à direita, 18, 19 embaixo à esquerda, 20 no meio, 22 à direita, 24, 25, 26, 30 embaixo, 31 à direita, 32, 34 embaixo, 35, 36-37, 39, 46 no alto, 48 embaixo, 49 à direita, 52 à direita e esquerda, 54 embaixo, 55 embaixo, 61, 72, 74, 75 embaixo, 76, 77 embaixo, 78, 79, 80, 81, 83, 84, 85, 86 no alto, 87 no alto e embaixo, 90, 92, 94 no alto, 95, 96, 97, 98, 100, 102, 103 no alto, 105, 106, 108 no alto, 109, 110-111, 112, 113, 114, 116, 117 embaixo à direita, 118, 120, 121, 122-123, 124 no alto e embaixo, 125 no alto e embaixo, 126, 127, 128 embaixo, 129 no alto e embaixo, 130 embaixo, 132, 133, 134, 135, 136, 137, 138, 139, 140, 141, 157, 158, 159, 160, 161, 162, 163 embaixo à esquerda, 164, 165, 166 no centro, 176 embaixo, 178 embaixo, 179 embaixo, 180, 181, 192 no alto, 193 embaixo à esquerda, 194 embaixo, 195, 197, 198, 200 embaixo, 201 no alto, 202 no alto à esquerda e embaixo, 203, 205, 207, 208, 209, 214; Bataillon: p. 129; Bender: p. 1, 211-213, 216; Berthaut: p. 19 no alto à direita; fotos e documentos de Bonel: p. 22 à esquerda, 23, 74 no centro, 81 embaixo à direita, 82, 86 no centro e embaixo, 87 no centro, 93, 94 no centro e embaixo, 107, 110 à esquerda, 117, 119, 127 no centro, 150, 153, 156, 166-167 embaixo (foto de P. Branche), 168, 171-175, 177 no alto, 179 no alto, 184-192, 199; Carone: p. 91, 220, 221; Chardans: p. 108; Cohen: p. 95 embaixo, 130-131, 163 e embaixo à direita, 167 no alto, 177, 193 no alto, 204, 205; De Graab: p. 196; Giannecchini: p. 19 embaixo à direita, 101, 124 embaixo à direita; Mark: p. 152, 154, 155; Gjon Mili: p. 151; Mainbourg: p. 128, 193 embaixo à direita; Montaron: p. 38; Morgoli (de): p. 134; Moritz: p. 124 no centro; Moulia: p. 146; Mourreau: p. 127 no alto; Poirier: p. 194; Sanders: p. 144, 145; Seruzier: p. 19 no alto à esquerda, 34, 40, 41, 42, 43; Seymour: p. 8 à direita, 13 à esquerda, 104, 147, 148, 149; Sinclair: capa interna 2 e 3, p. 2-3, 4-5, 14-15, 20 no alto à direita, 20 embaixo à esquerda, 21, 28, 30, 31, 33, 48 no alto e no centro, 49, 50, 51, 52, 53, 54, 55, 57, 58-59, 60, 62, 63, 64-65, 66, 67, 68, 69, 70, 71, 73, 75, 77, 103 embaixo, 142, 182, 206, 215, 217, 218, 219, 222, 224; Slade: p. 178, 179 no centro; Vigneaut: p. 171.
© Bernard Marchois, Association les Amis d'Édith Piaf (AMEP): p. 18 no centro à esquerda, 73 embaixo, 159 embaixo, 176 no alto, 202 no alto à direita.
© Arquivos Maurice Barrier: p. 134 embaixo.
© Ioana Baltog: p. 6, 7, 10, 11, 125 no centro, 158 no centro, 164 à esquerda.
© Pascal Bodin: p. 12.
© Comitê Jean Cocteau: p. 205 (carta de Jean Cocteau).
© Doris Contet página 195 para o manuscrito.
© Jean-Louis Rancurel: p. 200, 201.
© Roger-Viollet/ Lipnitzki: p. 46 embaixo, 47.
© Sipa/ Serge Lido: p. 29, 56.

1ª edição agosto de 2014 | **Diagramação** Studio 3
Fonte Vista Sans | **Papel** Couché Matte 148g
Impressão e acabamento Yangraf